汽车维修基本技能

一体化工作页

主　编◎蒙利武　郑光就　李高任

副主编◎雷　冰　唐梦双　马立特

参　编◎欧阳春　陶成勋　张　朗　邓　纪　何晓珠
　　　　李光宏　刘　健　林　毅　余晓坚

電子工業出版社

Publishing House of Electronics Industry

北京・BEIJING

内 容 简 介

本书与《汽车维修基本技能一体化教材》一书配套使用，其编排顺序与主教材完全一致，详细介绍了工具［普通工具、机动扳手、手钳和螺钉旋具（起子）、拉拔器与举升工具、活塞环与气门的拆装工具、汽车电气检测仪表工具］、量具（钢直尺、卡钳、塞尺及刀口尺，游标读数量具，螺旋测微量具，指示式量具）、钳工（钳工基础、锯削、锉削、螺纹加工）的基础知识和实践操作等内容。学生在完成专业技能实训操作后，可以借本书巩固相应的理论知识。每个主要的项目都有技能考核，教师能及时掌握学生的专业技能水平，在教学中把教、学、做、考有机地结合在一起；同时融入思政教学，引导学生遵守相关法律法规、职业道德，并培养学生对专业技能精益求精的工匠精神。

本书可作为职业院校汽车类、机械类专业的教学用书，也可供有关技术人员参考、学习、培训之用。

图书在版编目（CIP）数据

汽车维修基本技能一体化工作页 / 蒙利武，郑光就，李高任主编. —北京：电子工业出版社，2023.7

ISBN 978-7-121-45941-2

Ⅰ. ①汽… Ⅱ. ①蒙… ②郑… ③李… Ⅲ. ①汽车—车辆修理 Ⅳ. ①U472.4

中国国家版本馆 CIP 数据核字（2023）第 125807 号

责任编辑：张镨丹　　　特约编辑：徐　震
印　　刷：大厂回族自治县聚鑫印刷有限责任公司
装　　订：大厂回族自治县聚鑫印刷有限责任公司
出版发行：电子工业出版社
　　　　　北京市海淀区万寿路 173 信箱　邮编　100036
开　　本：880×1 230　1/16　印张：6　字数：144 千字
版　　次：2023 年 7 月第 1 版
印　　次：2023 年 7 月第 1 次印刷
定　　价：19.00 元

凡所购买电子工业出版社图书有缺损问题，请向购买书店调换。若书店售缺，请与本社发行部联系，联系及邮购电话：（010）88254888，88258888。

质量投诉请发邮件至zlts@phei.com.cn，盗版侵权举报请发邮件至dbqq@phei.com.cn。

本书咨询联系方式：（010）88254549，zhangpd@phei.com.cn。

前言

PREFACE

汽车维修基本技能是汽车维修技师、汽车维修质量检验员等汽车维修人员的入门技能，是汽车维修高技能人才必须掌握的技能，也是职业院校汽车类和机械类专业的一门基础课程。

本书的内容紧扣配套教材《汽车维修基本技能一体化教材》的目标要求，既注重基础知识的巩固，又强调专业能力的培养。教师可根据工作页检验学生专业理论和技能操作训练的成果；学生不但可以通过工作页巩固所学专业理论知识，也可以通过补全工作页上的技能操作步骤巩固专业技能。

本书在练习结束后设有学习评价及技能考核，方便教师对学生的操作技能及时做出评价，提高学生主动学习的积极性；在进行专业技能考核时，增加了思政考核要求，要求学生不但要有精湛的专业技能，而且要有过硬的职业道德及政治素养。

本书由广西物资学校牵头，联合二十余所职业院校，依托汽车运用与维修专业实训室建设项目（项目编号：GXZC2021-J1-000913-GXZL），在汽车专业理实一体化教学改革成果（国家教学成果奖二等奖）的基础上修编而成。

由于编者水平有限，书中难免存在疏漏之处，敬请广大读者批评指正。

编　者

目录

CONTENTS

项目一

工　　具

任务1　普通工具

姓名：____________　　班级：____________　　日期：____________

基础知识

一、填空题

1．如图 1-1、图 1-2 所示，请注明图中工具的名称，并说明其用途。

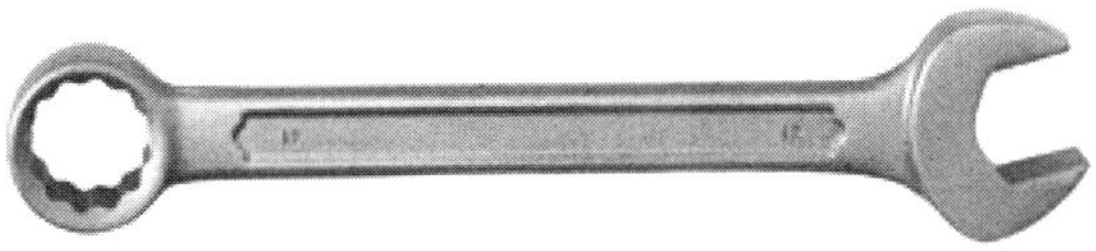

图 1-1　____________

____

____

____

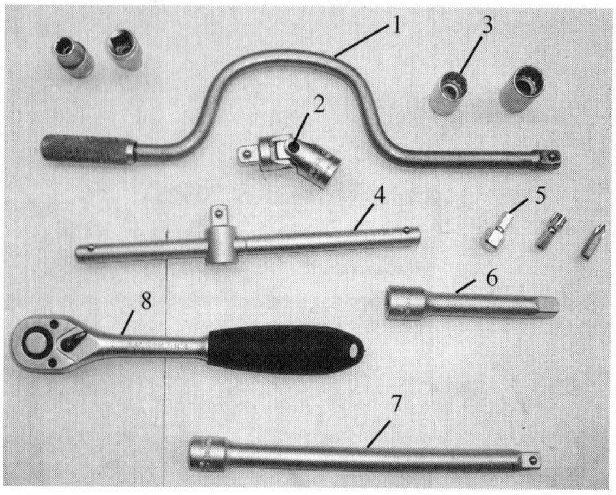

图 1-2 ______________

____

____

____

操作开口扳手时有哪些注意事项？

（1）开口扳手钳口以______________________，这意味着通过转动开口扳手，可在有限空间中进一步旋转。

（2）为防止______________________，如在拧松一根燃油管时，可用两个开口扳手去拧松一个螺母。

（3）开口扳手不能提供__________，因此不能用于__________。

（4）不能在开口扳手手柄上接套管，这会造成__________，损坏螺栓或开口扳手。

（5）确保开口扳手的直径符合螺栓、螺母的头部大小，使开口扳手与______________________________________。

（6）不能将开口扳手当作__________使用。

（7）禁止用水或酸、碱液清洗开口扳手，______________________。

（8）为了防止扳手损坏和滑脱，__________。此外，__________，__________，损坏螺母和扳手。

（9）拉力方向与开口扳手成直角时，扳手的扭力最大。操作时______________________________，扳手的运用如图 1-3 所示。

2．梅花扳手应用在哪些场合？

（1）梅花扳手钳口是______________________，可以容易地装配螺栓、螺母，且能够在有限空间内重新安装。

（2）由于______________________，因此螺栓角没有损坏的风险，可施加大扭矩。

（3）由于轴是有角度的，因此可用于____________________旋转螺栓、螺母。

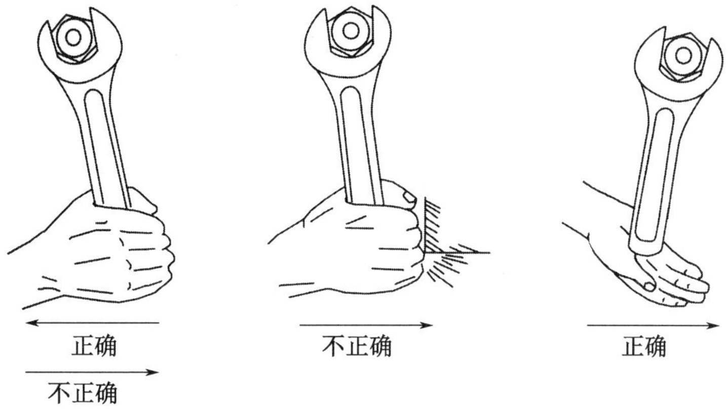

图 1-3 扳手的运用

3．梅花扳手在使用过程中有哪些要求？

（1）使用时，____________________。轻力扳转时，手势与开口扳手相同；重力扳转时，四指与拇指应上下握紧扳手手柄，往靠近身体的方向扳转。

（2）扳转时，____。

（3）禁止使用____。

（4）不能将梅花扳手____________________________________。

（5）如果受到空间限制无法拉动，可____________________________。

4．套筒扳手的环孔形状与梅花扳手相同，适用于________________或需要一定扭矩的螺栓或螺母。套筒扳手主要由__________________组成。滑头手柄的手柄头可沿扳杆滑动，________________。棘轮手柄内有棘轮机构，适用于小转角场合。

5．常用套筒扳手的规格是 10～32 mm。套筒头的方孔和手柄方孔的规格分别是 13 mm 和 12.5 mm。小型套筒扳手的规格是 4～12 mm，方孔为 7 mm。大型套筒扳手的规格是 22～75 mm，方孔为 20 mm 和 22 mm。除上述方孔的十二角套筒头外，还有四角、六角、八角套筒头。四角和八角的用来拆装四角或八角的螺母、螺栓。六角套筒头适用于____________________________，自制的六角套筒头可使用旧活塞销锻制。

6．套筒______________________________，只有和其他工具配合起来才能使用，这种工具根据工作状态装上不同手柄和套筒后可以很轻松地拆下并更换螺栓、螺母。

7．常用的套筒接合器有：_______________、滑头手柄、_______________、短接杆、长接杆、_______________、直接杆等。

8．超大力矩会将负载施加在套筒本身或小螺栓上，因此力矩要根据____。

9．标出如图 1-4 所示的套筒接合器的随机组合中 1、2、3、4 工具的名称。

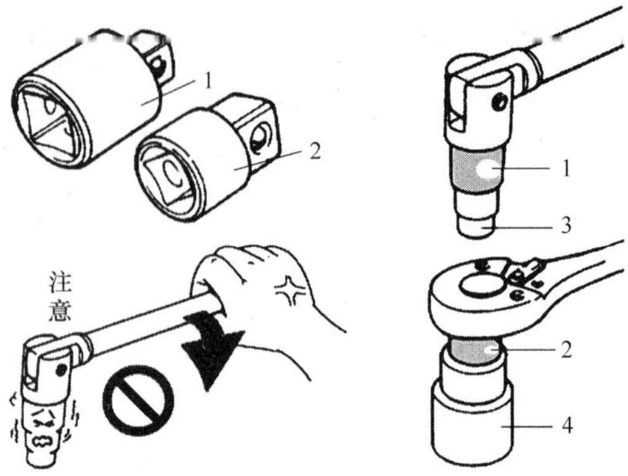

1—＿＿＿＿＿；2—＿＿＿＿＿；3—＿＿＿＿＿；4—＿＿＿＿＿

图 1-4 套筒接合器的随机组合

10．如何根据工作进行的速度选择工具？

- 套筒扳手的优点在于旋转螺栓、螺母后不需要重新调整，可以实现迅速转动螺栓、螺母。
- 套筒扳手可以根据所装手柄以各种方式工作。

（1）棘轮手柄适合在＿＿＿＿＿＿＿使用。然而，棘轮的结构使得它不能获得很高的扭矩，如图 1-5（a）所示。

（2）滑动手柄要求极大的工作空间，可提供＿＿＿＿＿＿＿，如图 1-5（b）所示。

（3）旋转手柄在调整完毕后可以迅速工作。此手柄很长，很难在＿＿＿＿＿＿使用，如图 1-5（c）所示。

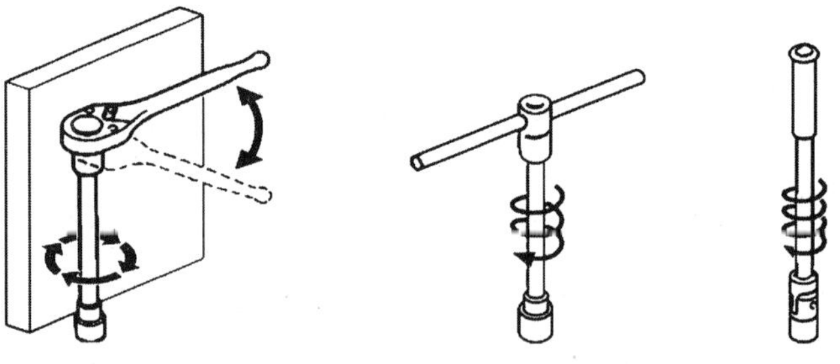

（a）棘轮手柄　（b）滑动手柄　（c）旋转手柄

图 1-5 套筒接合器

11．万向接头的使用方法如图 1-6 所示，使用时的注意事项为：

套筒的方形套头部分可以前后或左右移动，手柄和套筒扳手之间的角度可以自由变化，使其可在＿＿＿＿＿＿＿＿＿＿＿＿＿＿＿＿＿＿＿＿＿＿＿＿＿工作。

12．加长杆可拆下和更换＿＿＿＿＿＿＿＿＿＿＿＿＿＿＿的螺栓和螺母；可用于＿＿＿＿＿＿＿＿＿＿＿＿＿＿＿＿＿＿＿。加长杆的应用如图 1-7 所示。

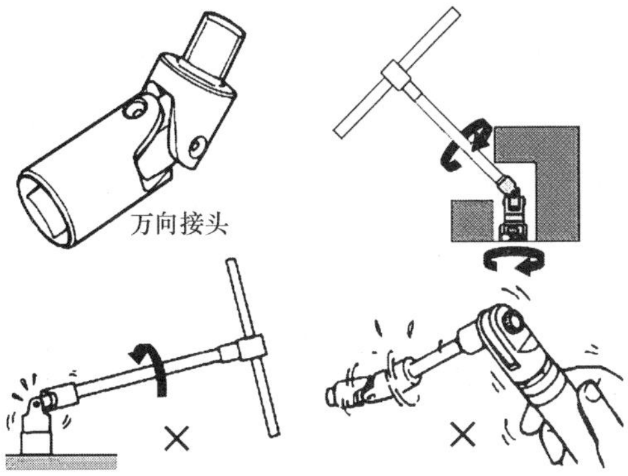

图 1-6 万向接头使用方法

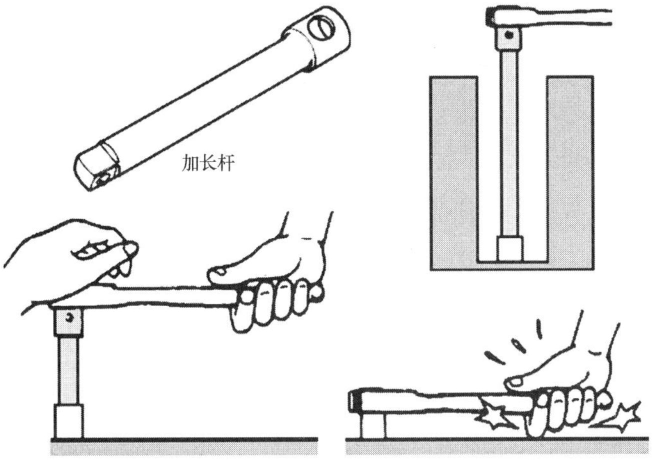

图 1-7 加长杆的应用

13. 旋转手柄用于需要较大力矩拆下和更换的螺栓、螺母。套筒扳手头部可做铰式移动，通过调整________________相配合。手柄滑动，允许改变________________。旋转手柄的应用如图 1-8 所示。

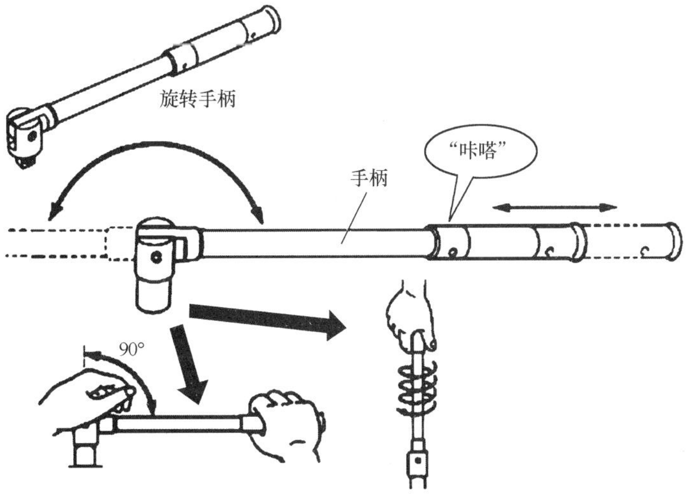

图 1-8 旋转手柄的应用

14．通过滑动套筒的套头部分，滑动手柄可以有两种使用用法，滑动手柄的应用如图 1-9 所示。

L 形：________________________________。

T 形：________________________________。

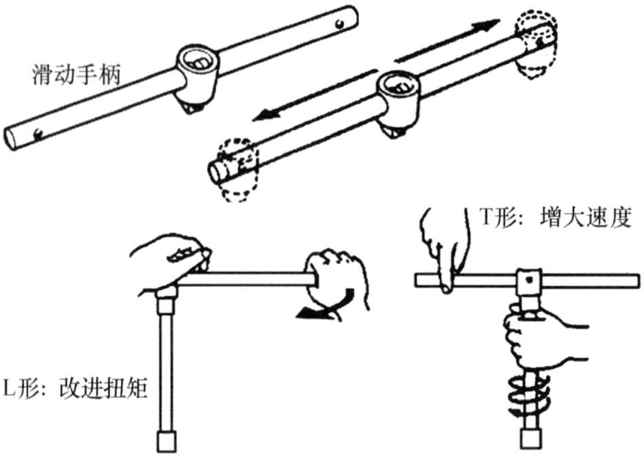

图 1-9 滑动手柄的应用

15．套筒扳手有哪些使用要求？

（1）使用时根据螺栓、螺母的尺寸选好套筒，________________（视需要与长接杆或短接杆配合使用），________________。

（2）使用棘轮手柄时，________________________________。

（3）拆装时握住快速摇柄的手切勿摇晃，以免________________________________。

（4）禁止用________________________________。

（5）禁止使用________________________________。

（6）工具用毕，应________________________________。

16．火花塞套筒专门用于更换火花塞，有大小两种尺寸，________________________________。套筒内装有________________________________。

17．用火花塞套筒拆卸火花塞时应注意哪些事项？

（1）套筒内的磁铁虽然可保护火花塞不易坠落，但仍要________________。

（2）为确保火花塞正确地插入，________________________________。（参考：规定的转矩 1.8～2 N·m）

18．棘轮手柄的应用有哪些？

（1）将手柄向右旋转可以________________，向左旋转可以松开它们。

（2）螺栓、螺帽可以不使用________________________________。

（3）棘轮手柄可以________________________________，可以在有限的空间中工作。

请标出如图 1-10 所示的棘轮手柄的工作情况。

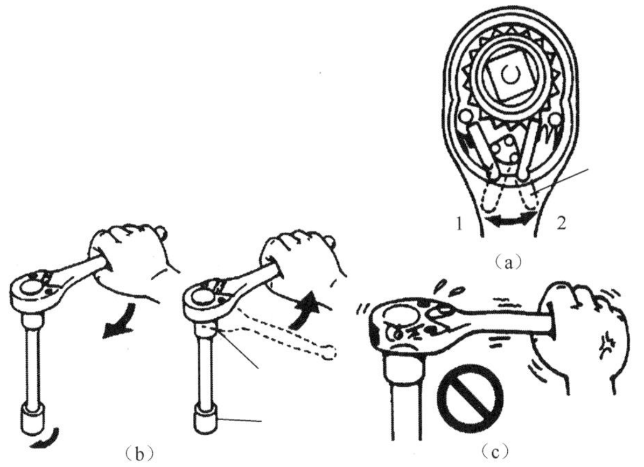

图 1-10 棘轮手柄

19．活动扳手的开口尺寸________________________________调整，其使用场合与开口扳手相同。但活动扳手较笨重，__________________________________。活动扳手的规格以手柄长度和最大开口宽度（mm）来表示。

20．活动扳手的使用要求有哪些？

（1）如图 1-11 所示，使用活动扳手时，应根据____。

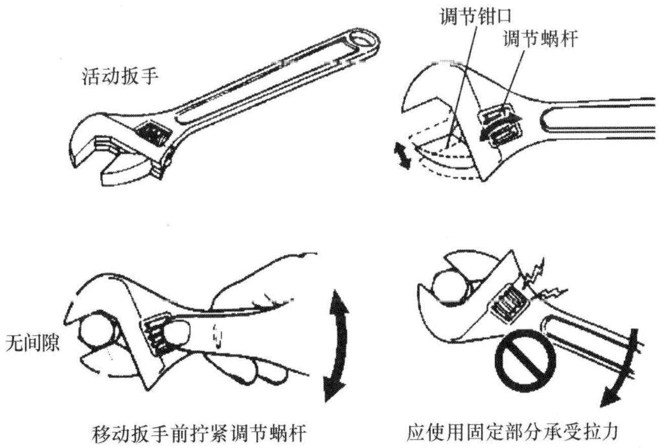

图 1-11 活动扳手的使用

（2）扳转时，应使____。

（3）扳转时，禁止在____。

（4）禁止将活动扳手当_______使用。

21．活动扳手用于尺寸不规则的螺栓、螺母的拆装或压紧其他零件。旋转调节螺丝可改变孔径。一个活动扳手可用来代替多个____________________。

22．扭力扳手是一种可以测量拧紧螺纹连接组件扭矩值的手动扳手，也是一种扭矩计量工具。扭矩扳手可分为 3 大类：______________________________、指示式扭力扳手和____________________________。定值式扭矩扳手又分为预置式扭力扳手和可调式扭力扳手，此类扭力扳手的功能简单，精度较低（一般为±4%），但价格较便宜。因为生产技术容易掌握，制造生产的厂商也很多。定值式扭力扳手是装配作业中较早使用的产品。指示式扭力扳手的精度一般为±3%，它主要解决了__________________________，并提高了测量精度。电子数显扭力扳手在国际上出现于 20 世纪 90 年代初，它很好地解决了以上两类扭力扳手功能简单、使用精度不高的问题。电子数显扭力扳手具有高精度、多功能和能与计算机传输数据的功能，能够很好地解决机械式扭力扳手在紧固件拧紧控制中不能解决的问题。

23．指示式扭力扳手如图 1-12 所示，是一种______________________。普通扭力扳手的规格是以最大可测扭矩来划分的，常用的有 98 N • m、196 N • m、294 N • m。扭力扳手除了可用来控制____________________，还可用来测量____________________，小型扭力扳手测量起动转矩，如图 1-13 所示。

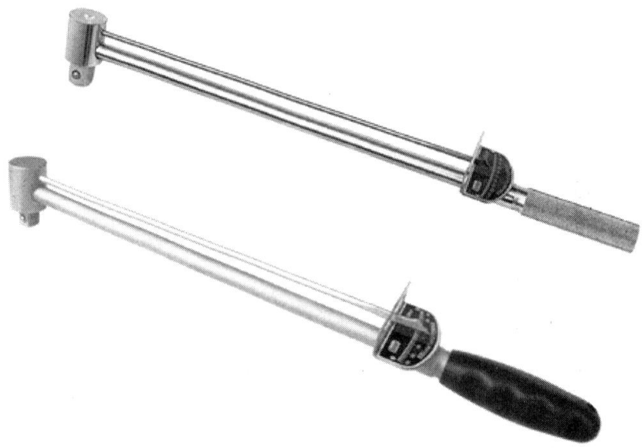

图 1-12　指示式扭力扳手

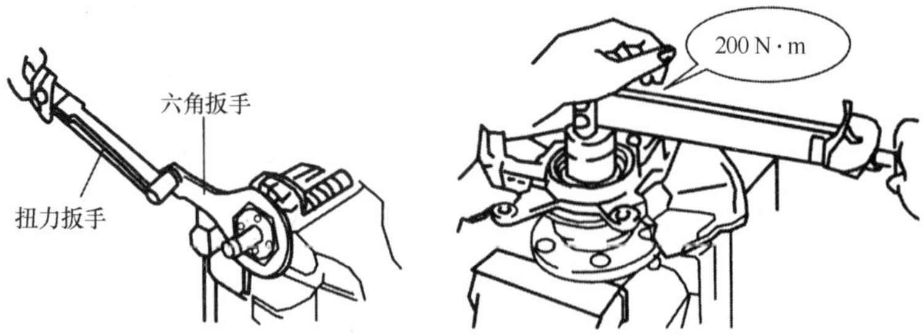

图 1-13　小型扭力扳手测量起动转矩

24．预置式扭力扳手如图 1-14 所示，具有____________________。使用时，首先设定好一个需要的扭矩值上限，当施加的扭矩达到设定值时，扳手会发出“咔嗒”声或者扳手连

接处折弯一点角度，同时伴有明显的手感震动，这就表示________________。解除作用力后，扳手各相关零件能自动复位。

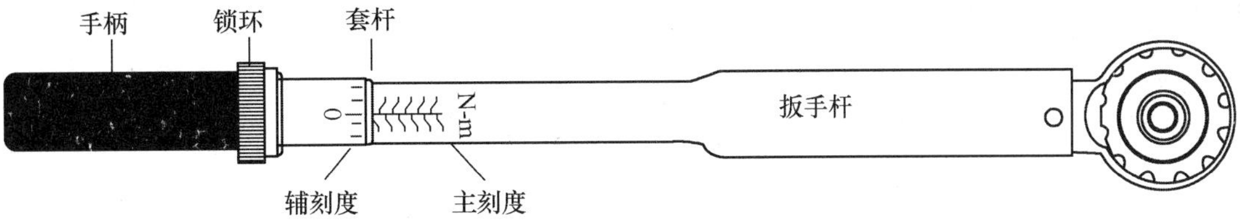

图 1-14　预置式扭力扳手

25. 扭力扳手的工作原理是什么？

扭力扳手发出“咔嗒”声的原理可以从以下几个方面去理解。

（1）扭力扳手在发出____。

（2）扭力扳手所发出的“咔嗒”声是由本身内部的扭矩释放结构产生的，其结构分为____。

（3）首先在扭矩扳手上设定所需扭矩值（由弹簧套在顶杆上向扭矩释放关节施压），锁定扭力扳手，开始拧紧螺栓。在螺栓达到______________（当使用扭力大于弹簧的压力时）后，会产生瞬间脱节的效应。在产生脱节效应的瞬间发出________________，即扳手金属外壳所发出的________________，由此来确认达到扭矩值的提醒作用（就像我们手臂关节成 15°弯曲放在铁管里瞬间伸直后会碰到钢管的原理一样）。

26. 预置式扭力扳手的使用要求有哪些？

（1）____。

（2）____。

（3）拧紧螺栓、螺母时，不能____________________________，以免损坏螺纹。

（4）____。

（5）拆装时，禁止____。

（6）扭力扳手使用后应________，妥善放置。

（7）预置式扭力扳手____。

27. 预置式扭力扳手的使用方法有哪些？

（1）设置扭力。

首先必须将____，锁紧装置如图 1-15 所示，为此需单手握住手柄，然后顺时针转动锁环至末端。

转动手柄，直至手柄上部的____

____，

手柄上部刻度如图 1-16 所示。

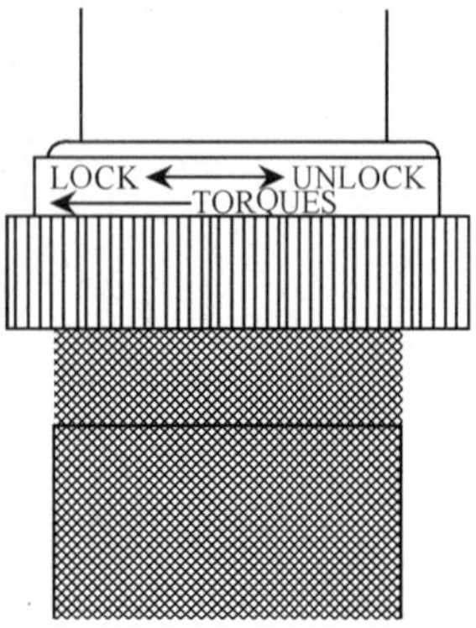

图 1-15　锁紧装置

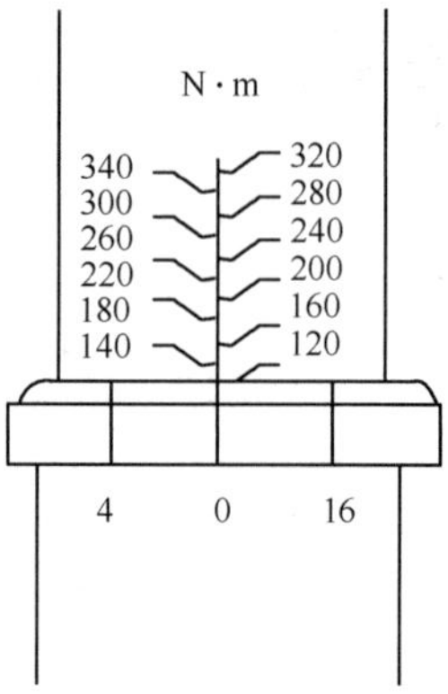

图 1-16　手柄上部刻度

若所需的扭力值在两个示值之间，则____

____。

若需锁紧扳手，则应______________，然后逆时针转动锁环直至末端。

注意：切勿在锁环位置为“锁紧（LOCK）”时转动手柄，否则容易损坏锁紧装置。

（2）预置式扭力扳手的使用注意事项。

根据需要选择合适的扭力扳手，切勿超出扭力扳手的使用范围设置扭力。

调整扭力之前，要确认锁紧装置处于____________________状态。当锁环处于“LOCK”时，切勿____________________，否则会损坏锁紧装置。

使用扳手前，要确认锁紧装置处于____________________。

为了使扭力扳手在使用时处于良好状态，当首次使用或长期未使用的扭力扳手再次使用时，务必以____________________，以使其中的精密部件能得到内部特殊润滑剂的充分润滑。

（3）保持正确握紧手柄的姿势。握紧手柄，而不是扳手杆，然后平稳地拉动扳手，握紧手柄示意图如图 1-17 所示。沿垂直于扭力扳手壳体方向慢慢地加力，直至听到扭力扳手发出“咔嗒”的声音，此时扭力扳手已达到预置扭力值，工件已加力完毕，应及时解除作用力，以免损坏零部件。在施力过程中，按照国家标准仪器操作规范，其垂直方向左右偏差不应超过 10°，水平方向上下偏差不应超过 3°，操作人员在使用过程中应保证其上下左右的施力范围均不超过 15°，施力方法示意图如图 1-18 所示。

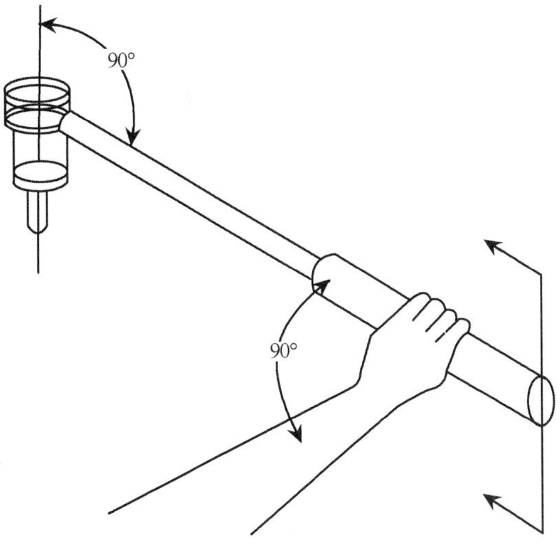

图 1-17　握紧手柄示意图

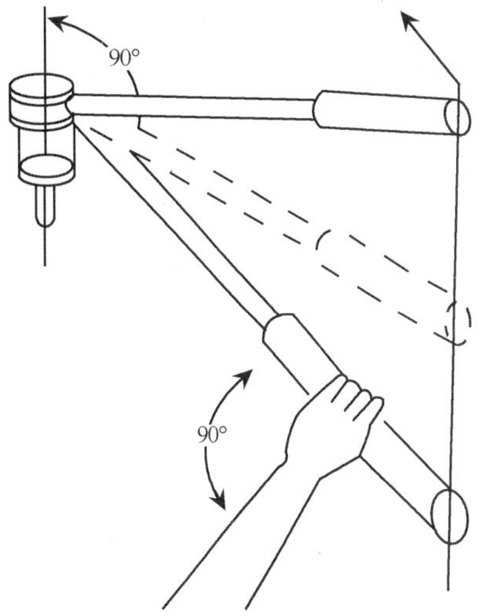

图 1-18　施力方法示意图

28．如图 1-19、图 1-20 所示，请正确读取数值并填写在下面的横线上。

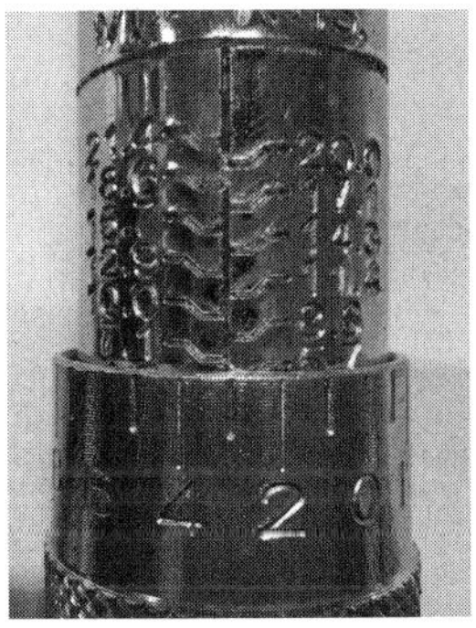

图 1-19　预置式扭力扳手

图 1-20　指示式扭力扳手

____________________　　　　____________________

29．内六角扳手如图 1-21 所示，用于拆装________________。规格以六角形对边尺寸 *s* 表示，有________________________________mm 共 13 种。汽车维修作业中有 4 mm、5 mm、6 mm、8 mm、10 mm 5 种规格。内六角扳手常用旧气门杆或断丝锥磨制。

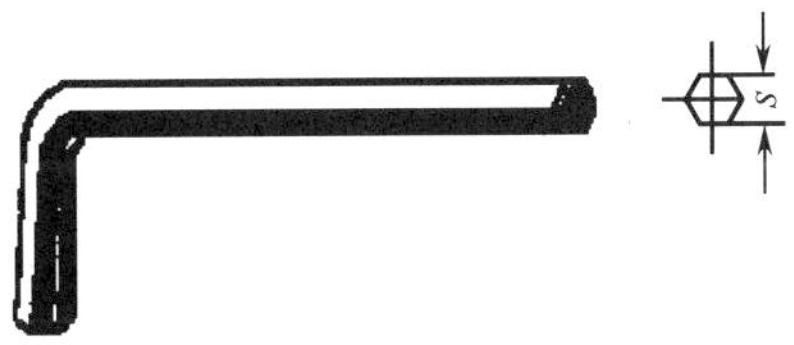

图 1-21　内六角扳手

30．T 形扳手的特点有哪些？

（1）套筒头采用________________锻造。

（2）独特的设计可使加长杆长达________，适合在________空间内操作。

（3）把手长度达________，________更大。

31．管子钳的规格用________________________来表示，常用的3种规格为____________、____________和____________。

32．管子钳的使用要求有哪些？

（1）使用时，应根据圆柱件的尺寸预先调好管子钳的钳口，使之夹住管件，并使____________部分承受拉力，以免扳转时滑脱。

（2）管子钳使用时不得用________________________。

（3）禁止用管子钳拆装________________________。

（4）禁止用管子钳拆装________________________，以免改变管件表面的粗糙度。

33．管子钳是用来____________________，如图1-22所示。按其作用分类属于扳手类，故也称为____________________。

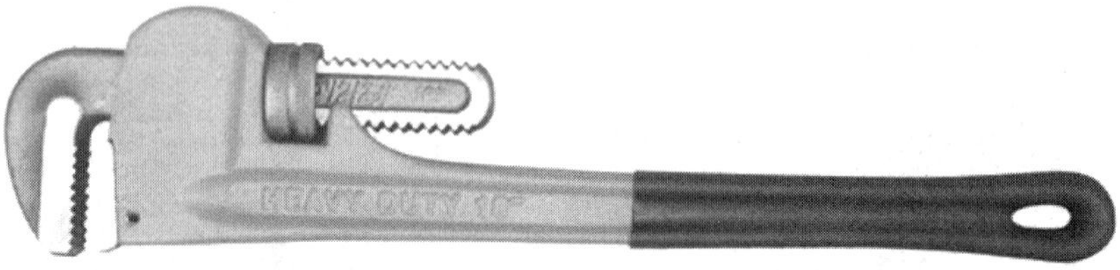

图1-22　管子钳

二、选择题

1．下列属于手动工具的是（　　）。

A．电钻　　B．风动扳手

C．钳子　　D．万用表

2．下列属于旋具类工具的是（　　）。

A．剥线钳　　B．撬棍

C．螺丝刀　　D．锯子

3．下列关于预置式扭力扳手使用的叙述，正确的是（　　）。

A．可用于拧松大于指定牛·米数的螺栓或螺母

B．为了方便使用，可将扭力调至最大以拧紧任何螺栓或螺母

C．只可拧紧固定牛·米数的螺栓或螺母，并在发出警报两声后停止

D．当预置式扭力扳手发出警报时仍可继续紧固，确保更紧

4. 在维修作业中正确选用工具的顺序是（　　）。

A. 开口扳手　套筒　梅花扳手

B. 开口扳手　梅花扳手　套筒

C. 套筒　梅花扳手　开口扳手

D. 都可以

5. 工具使用后应做到（　　）。

A. 放回原处，定期保养

B. 应用水或酸、碱液清洁后放回原处

C. 直接放回原处

D. 按个人习惯清洁并放置

三、判断题

1. 使用旋具类工具时要戴棉纱手套。（　　）
2. 工具使用前后都应进行清洁。（　　）
3. 稍大一号扳手也可正常用于拧松或拧紧螺栓、螺母。（　　）
4. 手动工具一般放置在工具车或工具箱内并保持工具整洁。（　　）
5. 只要不影响使用，工具可随意放置。（　　）
6. 工具不可带病作业，存在较大的安全隐患。（　　）
7. 使用预置式扭力扳手时应往前推以获得更大的推力。（　　）
8. 梅花扳手只能用于拧紧或拧松标准规格的螺栓及螺母。（　　）
9. 风动扳手属于手动工具。（　　）
10. 工具使用完后应立即清洁、整理，按个习惯、喜好操作工具及设备。（　　）

实践操作训练

参照教程补全以下操作步骤，并在实训车间完成实际操作

1. 汽缸盖螺栓的拆装

（1）用____________将汽缸盖的螺栓拧松，每颗螺栓拧转____________，并且按____________顺序交叉拧松，拆卸汽缸盖螺栓如图 1-23 所示。

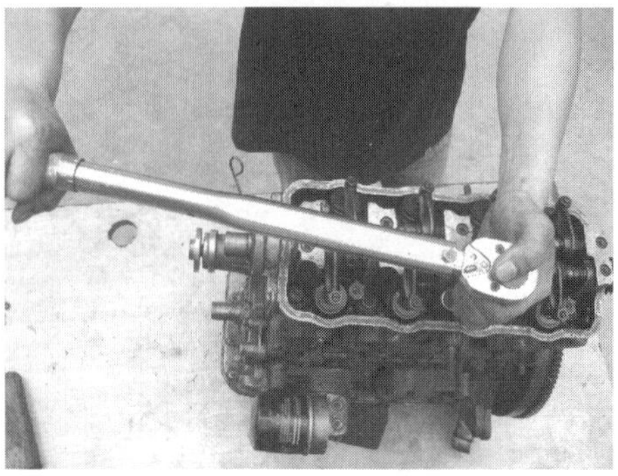

图 1-23　拆卸汽缸盖螺栓

（2）换用________同样按从两端到中间的顺序交叉拧松螺栓。最后用磁力棒将螺栓吸出，如图 1-24 所示，并按顺序放好。

图 1-24　用磁力棒将螺栓吸出

（3）将汽缸盖装入汽缸体，将拆出来的螺栓按原来的位置放回螺栓孔。

（4）用__________将螺栓按__________的顺序交叉预紧，如图 1-25 所示，力矩为 10～15 N·m。

（5）分别采用 30 N·m、58 N·m 力矩的________，按_________的顺序交叉预紧。

图 1-25　将螺栓按从中间到两边的顺序交叉预紧

2．传动轴的拆装

（1）用______________按______________顺序分 3 次拆下螺栓，如图 1-26 所示。注意开口扳手只能用来定位。

（2）安装时按______________顺序紧固螺栓。

图 1-26 拆下螺栓

3．利用组合扳手拆装汽车轮胎

（1）垫好车轮挡块（三角木）。选择合适的______________，用______________（如图 1-27 所示）拧松汽车轮胎上的螺母，如图 1-28 所示。

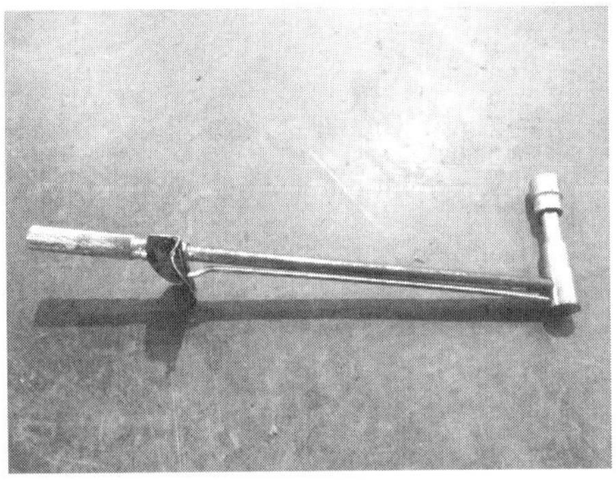

图 1-27 指示式扭力扳手

图 1-28 拧松汽车轮胎上的螺母

（2）用______________顶起汽车后轮（如图 1-29 所示），并安装______________（如图 1-30 所示）。

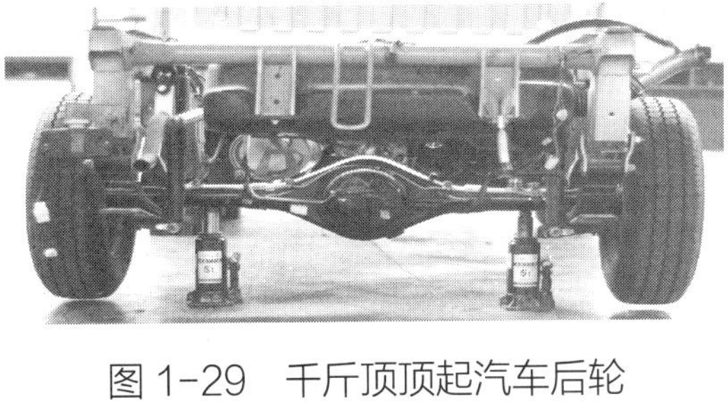

图 1-29 千斤顶顶起汽车后轮

图 1-30 安装架车凳

（3）用____________将轮胎螺栓拧出来。先____________，然后____________，最后拆卸上面的螺母，以防车轮掉下来。

（4）将车轮整体拆下来，并放到后桥的下面（放一半），轮胎放置位置如图 1-31 所示，以保证操作人员及车辆的安全。

图 1-31　轮胎放置位置

（5）按_________顺序将车轮安装好，并预紧螺母。

（6）将车辆放下，____________________，如图 1-32 所示。

图 1-32　垫车轮挡块（三角木）

（7）按规定的力矩，用____________________将轮胎螺母分 2～3 次交叉拧紧。

考核

学生学习评价表

评价内容		自我评价（打分）	相互评价（打分）	教师评价（打分）
信息收集	理解任务或问题的程度			
	收集信息的完整性			
	对信息（知识）的领悟性			

续表

评价内容		自我评价（打分）	相互评价（打分）	教师评价（打分）
制订计划	计划制订的参与程度			
	计划的合理性及实用性			
修改计划	和老师讨论如何修改计划			
	和老师讨论后，是否知道如何改进计划			
	计划修改后的完整性			
实施	是否按计划进行工作			
	是否亲自实施计划			
	是否记录工作过程及结果			
检查	是否按计划的要求去完成任务			
	是否达到预期目标			
	整个工作流程是否与标准流程符合			
评价	按计划是否完成了任务或解决了问题			
	在哪个环节上可以改进			
	学习团队的合作情况			
总评				

一体化项目（任务）考核评分表

任课教师签字：

序号	考核内容	配分	评分标准	考核记录	扣分	得分
一	1．发动机气缸盖紧固螺栓的拆装 2．CA7130 型汽车传动轴的拆装 3．汽车轮胎的拆装	5	能准确地使用开口扳手			
		5	能准确地使用梅花扳手			
		5	能准确地使用 T 形扳手			
		20	能准确地使用扭力扳手			
		20	能准确地使用预置式扭力扳手			
		20	能正确拆装汽车后车轮的紧固螺母			
二	职业素养	10	课堂的纪律性			
		5	文明操作			
		5	工具、量具及设备的整齐、清洁度			
三	基础知识填空	5	回答正确，书写工整，按时全部完成			
合计		100				

任务2 机动扳手

姓名：______ 班级：______ 日期：______

基础知识

一、填空题

1. 风动扳手也叫风炮，实际上是一种用____。

2. 风动扳手（如图 1-33 所示）主要由起动机构、变向机构、气动马达、行星齿轮减速传动机构和冲击机构等组成。

图 1-33 风动扳手

3. 风动扳手的起动机构采用________________________________。当按压压柄时，压柄推动阀杆，打开球阀进气。

4. 风动扳手的变向机构由________________________________组成，向左或向右转动变向手柄即可改变风动扳手的旋转方向。

5. 风动扳手的气动马达采用______________结构，其工作原理如图 1-34 所示。压缩空气从进气孔道进入气缸内，推动滑片，带动转子高速旋转，然后从______________。若需要反转，则由变向机构改变气流的进出方向，转子即可反向旋转。

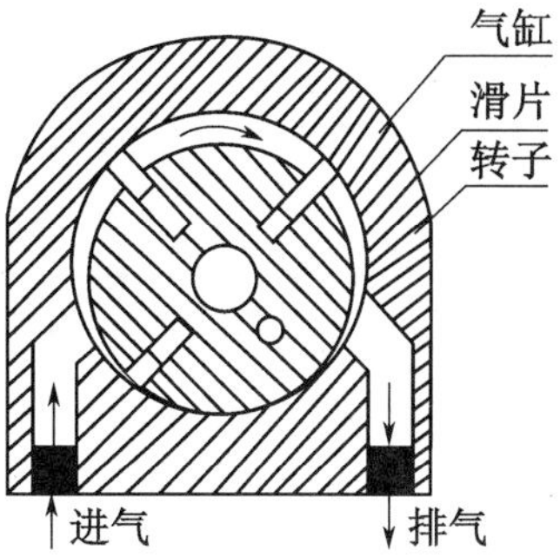

图 1-34 滑片式气动马达的工作原理

6. 风动扳手的行星齿轮减速机构采用一级行星齿轮减速机构，行星齿轮减速原理如图 1-35 所示。气动马达转子轴一端的小齿轮作为主动齿轮与减速机构中____________，两个行星齿轮沿着固定的内齿轮带动行星齿轮架和凸轮轴转动，但其转速大大低于气动马达转子的转速。

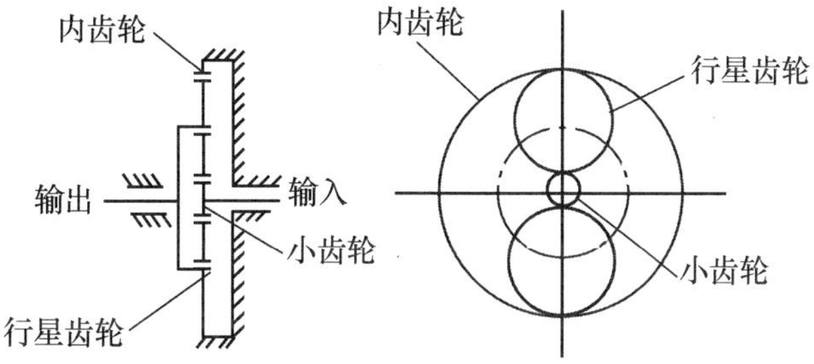

图 1-35 行星齿轮减速原理

7. 风动扳手的冲击机构采用弹簧钢珠式端面的冲击机构，主要由____________等组成。凸轮轴为一圆柱体，外圆面上铣有 V 形凹槽。冲击头套在凸轮轴上，其圆面上铣有与凸轮轴上凹槽相对应的圆弧面形的凹槽，两凹槽间装有钢珠。冲击头前端用牙嵌（离合器）和扳轴上牙嵌相连接。由于____________，____________。

8. 按下压柄后，气动马达通过冲击机构带动扳轴旋转。当扳轴上套筒受到的阻力不大时（螺栓或螺母未上紧），____________。当套筒不能旋转时（扳轴阻止冲击头旋转），由于气动马达仍带动凸轮轴旋转，此时

____

____________，

在分离的瞬间，____________

____

____________。

9. 风动扳手的使用和保养方法是什么？

风动扳手是由许多精密零件组成的，其使用寿命在很大程度上取决于操作者是否正确使用和保养。

（1）风动扳手使用的压缩空气＿＿＿＿＿＿＿＿＿＿＿＿＿＿＿＿＿＿＿＿＿＿＿＿＿＿＿＿。

（2）在使用前，＿＿＿。

（3）由于扳轴输出的扭矩是定值，所以扳手应和所拆装的螺纹件相适应。为了方便更换扳手，可采用快速接头。

（4）风动扳手＿＿。

（5）使用中应经常检查机体紧固螺栓，一般1～3个月要＿＿＿＿＿＿＿＿＿＿＿＿＿。

10．风动扳手安全操作的注意事项有哪些？

（1）在使用前，必须阅读并理解使用说明书，未经培训不能使用。

（2）应定期保养，＿＿＿＿＿＿＿＿＿＿＿＿＿＿＿＿＿＿＿＿＿＿＿＿＿＿＿＿＿＿。

（3）套筒头、套筒连接件、风管、风管快插接头等配件，须使用专用配件，或使用制造商推荐配件。如有异常，＿＿＿＿＿＿＿＿＿＿＿＿＿＿＿＿＿＿＿＿＿＿＿＿＿＿＿＿。

（4）使用的风源必须清洁干燥，一般需配置＿＿＿＿＿＿＿＿＿＿＿＿＿＿三联件，使风压稳定、可调、有润滑性。压力不能＿＿＿＿＿＿＿＿＿＿＿＿＿＿＿＿。风管与风源连接可靠，无泄漏，长度＿＿＿＿＿＿＿＿＿＿＿＿＿＿＿＿＿＿＿＿＿＿＿＿＿＿＿＿＿＿。

（5）操作时，＿＿＿＿＿＿＿＿＿＿＿＿＿＿＿＿＿＿＿＿＿＿＿＿＿＿＿＿＿＿＿＿＿。

（6）选择合适的方向及输出扭矩。

（7）保持＿＿＿＿＿＿＿＿＿＿＿＿＿＿＿＿＿＿＿＿＿＿＿＿＿＿＿＿＿＿＿＿＿＿＿＿。

（8）旋紧螺母时，须先＿＿＿＿＿＿＿＿＿＿＿＿＿＿＿＿＿＿＿＿＿＿＿＿＿＿＿＿＿＿。

（9）拆卸螺母时，在螺母即将脱开螺栓时，＿＿＿。

（10）使用开口扳手、梅花扳手给螺栓定位时，应防止风动扳手的旋转力矩打伤手，以及扳手从高处掉落。

（11）有压力的风管脱开时，＿＿＿。

11．电动扳手就是以电源或电池为动力的扳手，是一种拧紧螺栓的工具，主要分为＿＿。

12．电动扳手一般采用电压为＿＿＿＿＿＿＿＿＿＿的单相串激式电动机驱动，这种电动机扭矩较大，适合于断续工作。由于采用＿＿＿＿＿＿＿＿＿＿＿＿＿＿＿＿，提高了用电安全性，因此不需要接地线。常用电动扳手型号和主要技术参数见表1-1。

表 1-1　常用电动扳手型号和主要技术参数

型号	P2B-8	P1B-12	P1B-16	P1B-20
使用范围（mm）	M6～M8	M10～M12	M14～M16	M18～M20
额定扭矩（N·m）	14.7	58.8	147	215.6
质量（kg）	1.7	2.5	4.5	5.5～6

13．电动扳手的特点：（1）____________________；（2）手柄和机壳材料散热性好；（3）____________________，比手工更保险可靠；（4）____________________；（5）____________________。

14．电动扳手有哪些使用注意事项？

（1）确认现场所接电源与电动扳手铭牌规定值是否相符，是否接有______________。

（2）根据螺帽大小选择________________________________，并妥善安装。

（3）在送电前确认电动扳手上的开关处于断开状态，否则插头插入电源插座时，电动扳手会突然转动，可能导致人员受伤。

（4）若作业场所在远离电源的地点，需延伸线缆时，应使用______________________________________。延伸线缆通过人行过道时，应架高或做好防止线缆被碾压损坏的措施。

（5）尽可能在使用时找好反向力矩支撑点，以防__________________________。

（6）使用时若发现电动机火花异常，应____。

（7）和风动扳手相同，电动扳手也是定扭矩的，因此做旋紧用时必须注意扳手的使用范围，以防拧断螺栓。

（8）装配一个螺纹件，一般冲击时间为____________________，不要经常超过__________________________。

（9）电压______________均不宜使用。变换转向时，要先用电源开关切断电源，再扳动正反转开关，以保护正反转开关。

（10）定时清洗冲击机构和______________，以便及早发现隐患。同时，要及时更换润滑脂。

二、选择题

1．下面说法正确的是（　　）。

A．风动扳手属于气动工具

B．风动扳手和电动扳手都属于旋具类工具

C．使用机动扳手前，应先检查风管连接是否牢固

D．电动扳手只可拧紧，不可拧松

2．下列关于风动扳手操作要求的说法，错误的是（　　）。

A．操作人员必须经过专业培训合格后方可上岗操作设备

B．操作人员无须掌握风动扳手的工作原理、性能

C．操作风动扳手时，操作人员应一手紧握开关手把一手抓牢扳手，站在支护完好的顶板下操作

D．作业人员站在高凳或架板上使用风动扳手紧固或松动螺栓时，高凳或架板必须牢固可靠

3．下列关于电动扳手操作要求的说法，错误的是（　　）。

A．电动扳手的金属外壳不用接地，其外壳应有定期检验试验合格证，并在有效期限内

B．检查电动扳手机身安装螺钉紧固情况，若发现螺钉松了，则应立即重新扭紧，否则会导致电动扳手故障

C．检查手持电动扳手两侧手柄完好，可有破损但不能开裂，安装牢固

D．使用时发现电动机火花异常时，应立即停止工作，进行检查处理，排除故障。此外炭刷必须保持清洁干净

三、判断题

1．确认电动扳手现场所接电源与电动扳手铭牌是否相符，是否接有漏电保护器。（　　）

2．根据螺栓大小选择匹配的套筒，并妥善安装。（　　）

3．使用风动扳手前，先检查风动扳手各部件是否完好，有问题先处理。（　　）

4．若作业场所在远离电源的地点，需延伸线缆时，应使用容量足够、安装合格的延伸线缆。（　　）

5．尽可能在使用时找好反向力矩支撑点，以防反作用力伤人。（　　）

6．使用风动扳手时，必须随时注意风动扳手的运行情况，如果发生故障，必须检修或更换，不许“带病”作业。（　　）

7．站在梯子上工作或在高处作业时应做好预防高处坠落措施，梯子应有地面人员扶持。（　　）

8．使用风动扳手时，应用手扶正转动轴，防止旋转打滑。 （ ）

9．使用风动扳手时，风动扳手两侧 2 m 范围内不准站人，以防意外伤人。 （ ）

实践操作训练

参照教程补全以下操作步骤，并在实训车间完成实际操作

1．选择合适的套筒并将其安装到风动扳手上，同时连接好气管，调试好扭力，注意正反方向，组装好风动扳手，如图 1-36 所示。

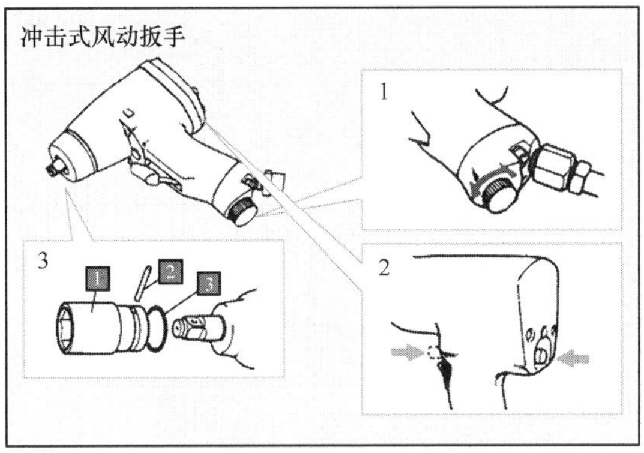

图 1-36 组装好风动扳手

2．用举升机将汽车举起，当车身离开地面____________________时，检查被顶起的汽车是否稳固，确认汽车安全后继续升高，高度以____________________为宜。

3．按对角交叉的顺序将轮胎的螺母拆下，如图 1-37 所示。先拆卸______________，最后拆______________，以防止车轮掉下来。

图 1-37 按对角交叉的顺序将轮胎的螺母拆下

4．安装轮胎螺母时，先____________________，再用____________________，拧紧顺序为对角交叉并分 2～3 次拧紧。

考核

学生学习评价表

评价内容		自我评价（打分）	相互评价（打分）	教师评价（打分）
信息收集	理解任务或问题的程度			
	收集信息的完整性			
	对信息（知识）的领悟性			
制订计划	计划制订的参与程度			
	计划的合理性及实用性			
修改计划	和老师讨论如何修改计划			
	和老师讨论后，是否知道如何改进计划			
	计划修改后的完整性			
实施	是否按计划进行工作			
	是否亲自实施计划			
	是否记录工作过程及结果			
检查	是否按计划的要求去完成任务			
	是否达到预期目标			
	整个工作流程是否与标准流程符合			
评价	按计划是否完成了任务或解决了问题			
	在哪个环节上可以改进			
	学习团队的合作情况			
总评				

一体化项目（任务）考核评分表

任课教师签字：

序号	考核内容	配分	评分标准	考核记录	扣分	得分
一	轮胎拆装	10	正确安装风动扳手			
		20	调试风动扳手拧紧力矩			
		20	能准确地使用正反转			
		10	能准确地使用套筒			
		15	能按正确的顺序对轮胎进行拆装			

续表

序号	考核内容	配分	评分标准	考核记录	扣分	得分
二	职业素养	10	课堂的纪律性			
		5	文明操作			
		5	工具及设备的整齐、清洁度			
三	基础知识填空	5	回答正确，书写工整，按时全部完成			
合计		100				

任务3 手钳和螺钉旋具（起子）

姓名：__________　　班级：__________　　日期：__________

基础知识

一、填空题

1．手钳是采用杠杆原理____________________。汽车维修保养中采用的手钳种类较多，按其用途和来源可分为两大类：通用手钳和专用手钳。

2．通用手钳分为__________、__________、__________、__________、挡圈钳、__________和多用钳。它们的规格一般以钳身长度来表示。

3．鲤鱼钳钳头的前部是__________，适用于夹捏小零件；中部凹口粗长，适用于夹持圆柱形零件，也可以代替____________________；后部刃口可剪切金属丝。由于一片钳体上有两个互相贯通的孔，又有一个特殊的销子，所以操作时钳口张开度可很方便的变化，以适应夹持不同大小的零件。

4．鲤鱼钳有__________、__________两种，用 50 优质碳素结构钢制造，刃口部硬度为 HRC 48～54。

5．在用鲤鱼钳夹紧前，须用____________________遮盖易损坏件。

6．钢丝钳的用途和鲤鱼钳相似，其支销相对于两片钳体的位置是固定的，故使用时不及鲤鱼钳灵活，但剪断金属丝的效果比鲤鱼钳要好。规格有________、________、________，且有绝缘柄和铁柄之分。

7．钢丝钳上带有旁刃口，能夹持工件，还能折断________________，切断________________。

8．尖嘴钳和弯嘴钳因其________________，所以能在较小的空间工作。不带刃口的________________，带刃口的能剪切细小零件。使用时，________________。规格以钳长表示，有绝缘柄和铁柄之分。

9．挡圈钳是一种用来安装________________的专用工具。

10．由于挡圈分为孔用、轴用，且安装位置不同，因此挡圈钳有________________4 种样式，规格按钳身长度分为：125 mm、175 mm、225 mm。

11．断线钳利用一组________________，能比较省力地________________。尤其在修理汽车木质车厢时，断线钳常用来剪断________及________以下的 10 号圆钢。常用的剪线钳有长 750 mm 和 900 mm 两种规格。

12．斜口钳（如图 1-38 所示）又名斜嘴钳，有很多类别。例如，百锐工具产品目录的斜口钳分为________________、________________、________________、VDE 耐高压大头斜口钳、镍铁合金欧式斜口钳、精抛美式斜口钳、________________等。市场上的斜口钳尺寸一般分为 4 寸、5 寸、6 寸、7 寸、7.5 寸、8 寸几种规格。大于 8 寸的比较少见，小于 4 寸的一般称为迷你斜口钳，约为 125 mm。常用规格为 5 寸、6 寸和 7.5 寸。

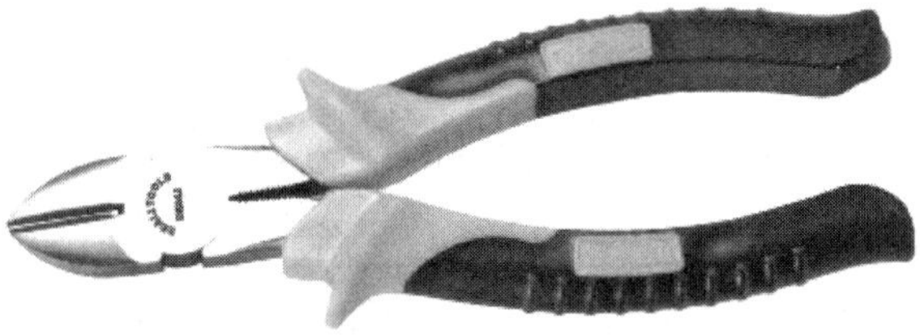

图 1-38 斜口钳

13．斜口钳的钳口硬度可达 48～60（HRC），________________。

14．斜口钳由 45#碳钢、________________、________________等制成。手柄有单色沾塑手柄、双色沾塑手柄、PVC 或 TPR 套柄。表面以抛光电镀居多，也有珍珠镍、黑化等处理方式。

15．斜口钳主要用于________________（由于刀片尖部为圆形，可用于切割细线，或者只选择所需的线从线束中切下）、________________、________________、模型制作等。

16. 使用斜口钳有哪些注意事项？

（1）禁止使用________________。

（2）剪切紧绷的钢丝时，必须做好防护措施，防止________________。

（3）不能将________________。

（4）不能用于切割________________，会损坏刀片。

17. 多用钳利用一组复合杠杆，能产生的夹紧力可达________________，所以多用钳又称为大力钳或锁钳，它的钳口开度较大。250 mm 长的大力钳，钳口开度可达 50 mm。

18. 大力钳分为________________和________________两大类。普通大力钳分直嘴和曲嘴两种，曲嘴的钳口后部常有剪切刃口，适于剪切细金属丝。

19. 螺钉旋具通常称为起子，又叫________________、旋凿，是用来拆装螺钉的。起子分为________________和________________两大类。

20. 汽车修理中一般用________________起子和________________起子。木柄夹柄式起子不仅能承受较大的扭力，还能________________，可锤击或用扳手增加扭力但不能在 36 V 以上的电压场合下使用。木柄（YM 型）和塑料柄（YS 型）是指手柄的制造材料，塑料柄的绝缘性能高于木柄。穿心木柄（YM-Ⅲ型）的旋杆贯通于手柄，能承受较大的扭力，并且工作时可________________，但不能带电操作。

21. 十字形起子的结构与一字形起子相同，区别在于________________。

22. 组合起子又叫多用螺钉旋具。组合起子的一个手柄________________，以适应拆装各种螺钉及在木头上钻小孔，有的柄部装有氖管，可兼作________________用。

23. 自动起子又叫自动螺钉旋具。这种起子具有________________ 3 种动作。当开关处于________________位置时，能提高生产效率，减轻劳动强度。当开关位于________________位置时，作用和________________相同。

24. 冲击起子（如图 1-39 所示）是一种通过________________________________。冲击起子采用特殊的淬火钢制成，可承受较大的冲击载荷，配有常用的十字、一字和内六方冲击头，主要用来松动锈死或者被冷焊住的螺栓，也可用于________________。

图 1-39 冲击起子

25．冲击起子的使用方法是什么？

____

____

____

____。

二、选择题

1．空间狭窄时应选用（　　）。

A．钢丝钳　　B．鲤鱼钳

C．尖嘴钳　　D．斜嘴钳

2．关于鲤鱼钳的应用，下列说法错误的是（　　）。

A．可改变支点上孔的位置来调节钳口打开的程度

B．可用钳口夹紧或拉动

C．可用于拆卸卡环

D．可在颈部切断细导线

3．关于螺丝刀的使用，以下说法错误的是（　　）。

A．使用螺丝刀紧固或拆卸带电的螺钉时，手不得触及螺丝刀的金属杆，以免发生触电事故

B．必要时可将螺丝刀作为錾子使用，可有效提高工作效率

C．使用时应注意选择与螺钉槽相同且大小规格相应的螺丝刀

D．为了防止螺丝刀的金属杆触及皮肤或触及相邻的带电体，应在金属杆上套装绝缘管

三、判断题

1．鲤鱼钳用于夹持扁形或圆柱形零件，带刃口的不可用于切断金属。（　　）

2．卡簧钳有内直、外直、内弯、外弯、凹槽几种形式，不仅可用于安装簧环，也可用于拆卸簧环。（　　）

3．用鲤鱼钳夹牢零件后，再弯曲或扭切。夹持大零件时，可将钳口放大。（　　）

4．尖嘴钳主要用来剪切线径较细的单股或多股线，还可给单股导线接头弯圈、剥塑料绝缘层等。（　　）

5．卡簧钳是用来安装内簧环和外簧环的专用工具。（　　）

6．使用鲤鱼钳时，应先擦净钳子上的油污，以免工作时打滑。（　　）

考核

学生学习评价表

评价内容		自我评价（打分）	相互评价（打分）	教师评价（打分）
信息收集	理解任务或问题的程度			
	收集信息的完整性			
	对信息（知识）的领悟性			
制订计划	计划制订的参与程度			
	计划的合理性及实用性			
修改计划	和老师讨论如何修改计划			
	和老师讨论后，是否知道如何改进计划			
	计划修改后的完整性			
实施	是否按计划进行工作			
	是否亲自实施计划			
	是否记录工作过程及结果			
检查	是否按计划的要求去完成任务			
	是否达到预期目标			
	整个工作流程是否与标准流程符合			
评价	按计划是否完成了任务或解决了问题			
	在哪个环节上可以改进			
	学习团队的合作情况			
总评				

任务4 拉拔器与举升工具

姓名：________ 班级：________ 日期：________

基础知识

一、填空题

1. 如图 1-40 所示，请说明其名称及其用途。

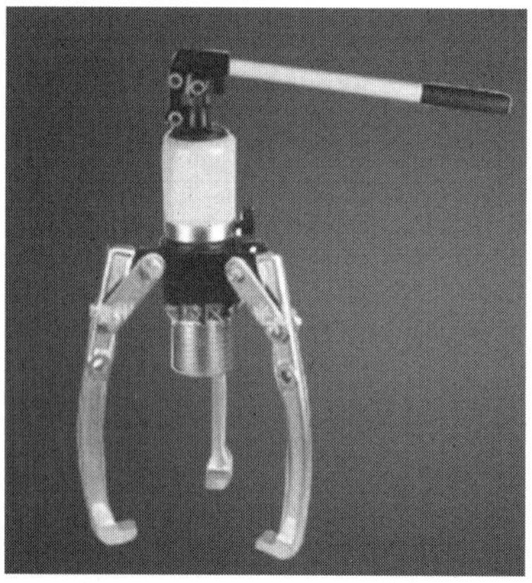

图 1-40

____。

2. 环爪式轴承拉拔器利用________________作为夹持位置。使用时先将________________________，另一端对合在支座的台肩上，再将________________，转动________________即可拉出轴承。

3. 冲子主要用来传递________________，以压入或压出机件，冲中心孔、圆孔、铆合铆钉等。

4. 中心冲又叫________，用于在金属件上打浅眼，以便于钻孔。也用于________。

5. 平头冲大都用来________。拆装衬套类机件（铜套、油封、活塞销等）的平头冲由 3 部分组成：________。当导向部分直径较大时，为减轻质量，可加工成中空结构。平头冲通常用低碳钢制作，不用热处理，加工时应注意导向部分与冲压部分的同轴度。

6. 千斤顶是用来________。汽车维修作业中常用的有________等。

7. 千斤顶是利用________，即液体各处的压强是一致的。在平衡的系统中，较小的活塞上施加的压力较小，而较大的活塞上施加的压力也________，这样能够保持液体的静止。通过液体的传递，可以得到不同端上的不同的压力，从而达到变换的目的。

8. 各种液压千斤顶是利用________，通过大小不同的活塞，能够获得很大的液压力。

9. 如图 1-41 所示为液压千斤顶的工作原理。千斤顶由________等部件组成。举升重物时：________。再次提起手柄吸油时，单向阀在弹簧与外力的作用下关闭，________。

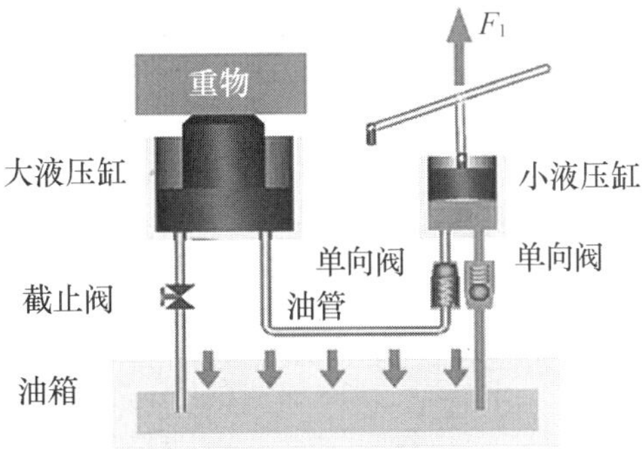

图 1-41　液压千斤顶的工作原理

10．轻便式液压千斤顶的使用和保养方法是什么？

____

____

____

____

____。

11．写出如图 1-42 所示卧式液压千斤顶各零件的名称。

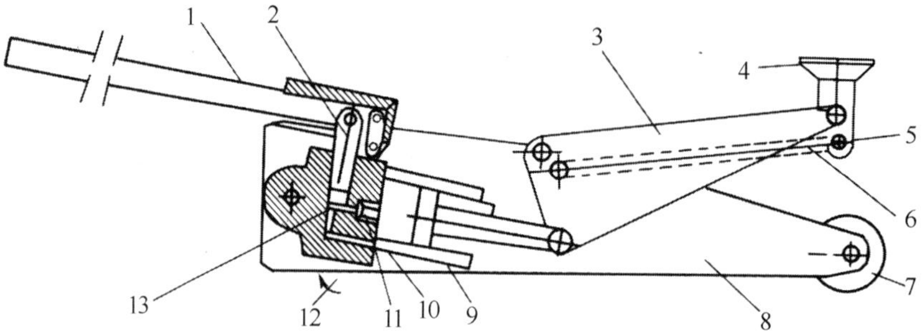

1—______________；2—______________；3—______________；

4—______________；5—______________；6—______________；

7—______________；8—______________；9—______________；

10—______________；11—______________；12—______________；

13—______________。

图 1-42　卧式液压千斤顶

12．卧式液压千斤顶的工作油缸是卧倒（近于水平）安置的，和轻便式（立式）液压千斤顶相比，卧式的______________________________。卧式液压千斤顶机架上装有轮子，移动方便，使用时______________________________，很适合汽车维修使用。

13．一般把起重量 2 t 和 2 t 以下的卧式液压千斤顶称作小型卧式液压千斤顶。其液压部分与轻便式液压千斤顶基本相同，不同的是______________________________

____。其后轮是转向轮，主要负荷在前轮上。为了保证使用安全，这种千斤顶还带有______________

______________，以防超载和超行程。

14．千斤顶使用时的注意事项有哪些？

（1）顶起汽车前，应把千斤顶顶面擦拭干净，选择拉钮至__________，把千斤顶放置在被顶部位的下部，并使千斤顶与被顶部位__________，以防千斤顶滑出而造成事故。

（2）旋转顶面螺杆，____

____。

（3）用________________________________，防止汽车在顶起过程中发生滑溜事故。

（4）用手上、下压动千斤顶手柄，被顶汽车逐渐升到一定高度，在车架下放入架车凳，禁止用________________________________。落车时，应先检查车下是否有障碍物，并________________________________。

（5）汽车在顶起或下降过程中，禁止在汽车下面进行作业。应慢慢拧松液压开关，

____。

（6）在松软路面上使用千斤顶顶起汽车时，____________________________

____。

（7）千斤顶把汽车顶起后，当液压开关处于拧紧状态时，若发生自动下降故障，则应立即查找原因，排除故障后方可继续使用。

（8）如发现千斤顶缺油，____。

（9）千斤顶不能____。

（10）千斤顶必须垂直放置，____________________________________。

15．架车凳又叫________________________________。对架车凳的基本要求是：________________________________。长条凳式或方凳式架车凳，由于凳子的高度不能调整，又比较笨重，因此已较少使用。

16．架车凳按升降顶柱不同可分为________________、________________、________________3 种。

二、选择题

1．下列属于拉拔工具的是（　　）。

A．钳子　　B．拉马

C．撬棍　　D．链条

2．下列不属于顶起工具的是（　　）。

A．卧式千斤顶　　B．液压式千斤顶

C．架车凳　　D．杆式手摇千斤顶

3．关于千斤顶的使用，下列说法错误的是（　　）。

A．在使用千斤顶时一定要放在平整的路面上

B．千斤顶在使用之前要仔细检查各部件是否灵活，有无损伤；使用后要拆洗干净，检查阀门、活塞、皮碗、油液是否干净、良好

C．千斤顶使用时应先将泵站的快速接头与千斤顶对接，然后选好位置

D．多台液压千斤顶一起使用时，一定要有人负责喊口号。操作之前要统一口号，动作也要一致

三、判断题

1．轻便式液压千斤顶在顶车时要始终保持与地面平行。（ ）

2．液压式千斤顶可作为永久性支承来支撑重物。（ ）

3．严寒季节，千斤顶内油液会变稠而影响使用，可加热后再使用。（ ）

4．拉拔器在使用时要注意不可超出限界。（ ）

5．拉杆式滚动轴承拉拔器利用专用拉杆拉出轴承时，应先将拉杆插入滚珠轴承内、外圈之间。（ ）

实践操作训练

（一）参照教程补全以下操作步骤

五菱小旋风（B 系列）货车举升

1．准备

（1）在顶升前，要检查______________________________。

（2）确保______________，将其放在车辆附近。

（3）将__________放在左前轮胎和右前轮胎的前后（车辆从后面顶升），放置挡块如图 1-43 所示。

图 1-43 放置挡块

2．举升

（1）将释放把手拧紧，把__________________后举升车辆，并注意它所面对的方向，如图 1-44 所示。

图 1-44　用千斤顶举升车辆

（2）用__________________替换千斤顶，如图 1-45 所示。

图 1-45　用架车凳替换千斤顶

（3）用同样的方法将另一侧的车轮举起，用________________将千斤顶替换下来，如图 1-46 所示。

图 1-46　举升另一侧

（4）用千斤顶重新将车顶起来，移除架车凳，将车缓缓放下，垫好三角木。

（二）在实训车间完成举升汽车的操作

要求：

（1）按照维修手册的要求将车轮固定好，确保在车被举起后汽车保持静止状态。

（2）按照要求将架车凳放到相应的位置，然后缓慢地将千斤顶放下并移出来。

（3）用千斤顶重新将车顶起来，移除架车凳，将车缓缓放下，垫好三角木。

（4）按规定操作，注意生产安全，任务完成后注意保持卫生。

考核

学生学习评价表

评价内容		自我评价（打分）	相互评价（打分）	教师评价（打分）
信息收集	理解任务或问题的程度			
	收集信息的完整性			
	对信息（知识）的领悟性			
制订计划	计划制订的参与程度			
	计划的合理性及实用性			
修改计划	和老师讨论如何修改计划			
	和老师讨论后，是否知道如何改进计划			
	计划修改后的完整性			
实施	是否按计划进行工作			
	是否亲自实施计划			
	是否记录工作过程及结果			
检查	是否按计划的要求去完成任务			
	是否达到预期目标			
	整个工作流程是否与标准流程符合			
评价	按计划是否完成了任务或解决了问题			
	在哪个环节上可以改进			
	学习团队的合作情况			
总评				

一体化项目（任务）考核评分表

任课教师签字：

序号	考核内容	配分	评分标准	考核记录	扣分	得分
一	五菱微型卡车或者红塔轻卡汽车的举升	5	准备工具			
		5	用三角木将汽车垫好			
		10	用千斤顶将前桥左边顶起			
		10	用架车凳将千斤顶换下			
		10	用千斤顶将前桥右边顶起			
		10	用架车凳将右边千斤顶换下			
		10	检查车辆是否平稳、安全可靠			
		15	将顶起的车辆平稳地放下			
二	职业素养	10	课堂的纪律性			
		5	文明操作			
		5	工具及设备的整齐、清洁度			
三	基础知识填空	5	回答正确，书写工整，按时全部完成			
合计		100				

任务5 活塞环与气门的拆装工具

姓名：__________　班级：__________　日期：__________

基础知识

一、填空题

1．如图 1-47 所示，请注明各物品名称并说明其用途。

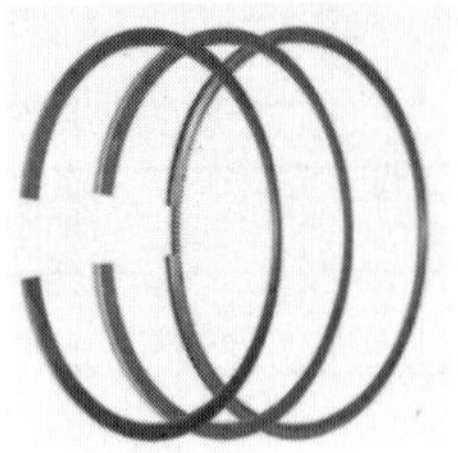

（a）

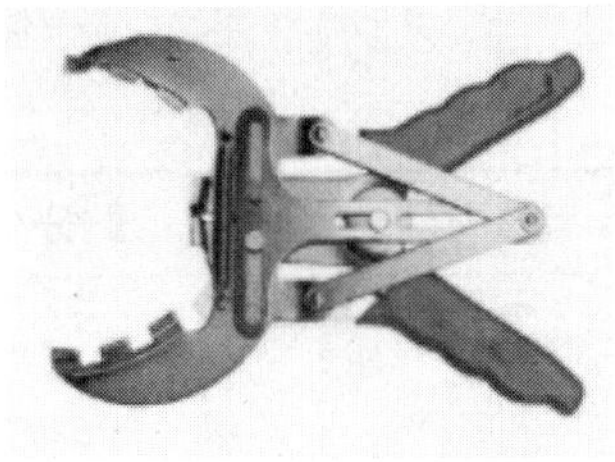

（b）

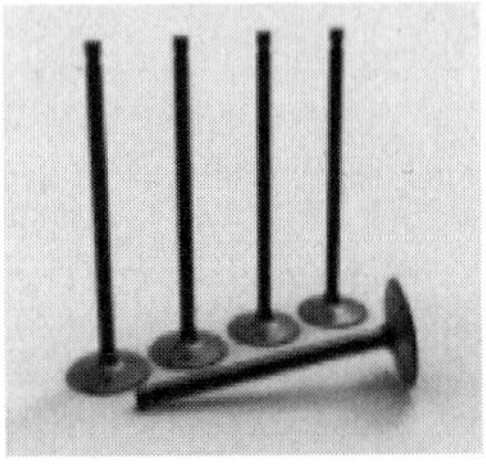

（c）

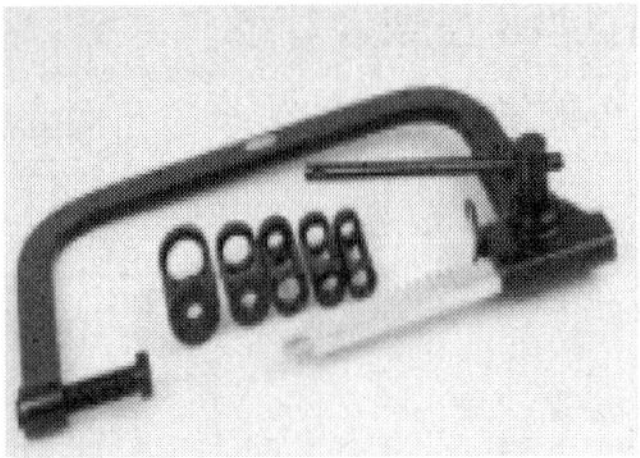

（d）

图 1-47

（a）图为____。

（b）图为____。

（c）图为____。

（d）图为____。

2．使用活塞环拆装钳拆装活塞环时，必须____。活塞环要与钳面紧贴，____。

3．气门弹簧拆装架是一种专门用于____。

4．使用气门弹簧拆装架时，将拆装架托架抵住气门，______________________________，____________________，使得气门弹簧被压缩。当锁片露出来后，用__________________________，____________________，即可取出气门弹簧座、气门弹簧和气门等。

5．滑脂枪又称黄油枪，是一种专门用来____。

6．金属丝刷是靠__________________________________来除锈、除污的。制造刷针的材料有两种：____。钢丝刷针强度高、耐用，清洁速度也快，但容易刮伤零件的工作面，而铜丝刷针的特点正相反。

7．常用的板形金属丝刷有双面锉刀刷、钢丝刷两种。锉刀刷的刷针排列紧密，适宜用来消除锉刀上的金属屑，但不宜用来______________________；钢丝刷的刷针粗而稀，适宜____。

8．轮式金属丝刷又叫钢丝轮。市售的轮式金属丝刷夹板孔径为 20 mm，刷厚为 20 mm，轮径共有 7 种规格，范围为 125～400 mm。轮式金属丝刷可装在砂轮机上，也可以通过专用____。

二、选择题

1．下列关于活塞环拆装钳的说法，错误的是（　　）。

A．是一种专门用于拆装活塞环的工具

B．使用活塞环拆装钳时，可不将拆装钳上的环卡卡住活塞环开口

C．使用活塞环拆装钳拆装活塞环时，用力必须均匀，避免用力过猛而折断或损坏活塞环，同时也能避免伤手事故

D．使用活塞环拆装钳时，活塞环钳有爪子部分朝上

2．使用气门拆装工具拆装气门时应注意（　　）。

A．选择适合气门座圈大小规格的接头与接杆

B．气门弹簧规格相同，可不按拆装顺序摆放

C．气门拆装工具齿条稍有损伤，在不影响使用的情况下可正常使用

D．使用完后应用清水对气门拆装工具进行清洁，方便下一次使用

3．下列关于钢丝刷的说法，错误的是（　　）。

A．可根据清洁位置与结构的不同，选择不同规格的刷头

B．与清洁溶剂配合使用，效果更佳

C．钢丝刷是清洁燃烧室以及气门导管等部位的专用刷头，应注意清洁力度，以免损伤部件

D．为了防止损伤需清洁的部件，任何钢丝刷均不可安装在旋转工具上使用

三、判断题

1．拆装气门时应先确认所需拆卸的气门组位置，选择合适大小的气门拆装接头和接杆。（　　）

2．使用气门拆装钳压缩气门弹簧，气门拆装钳底部应压在气门下任何部位。（　　）

3．气门弹簧压缩拆下气门锁片后应慢慢松开压具。（　　）

4．拆装活塞环时，将拆装钳上的环卡卡在活塞环的开口上，轻握手柄然后快速收缩从而使活塞环张开。（　　）

5．工具使用后应清洁干净，并置于干燥处存放。（　　）

实践操作训练

（一）参照教程补全以下操作步骤

1．用气门拆装夹具拆卸气门组

（1）用________________顶住气门头，________________顶住气门弹簧座，转动螺杆手柄，压缩气门弹簧至露出气门锁片，如图 1-48 所示。

图 1-48　压出气门锁片

（2）用________________夹出气门锁片，如图 1-49 所示。

图 1-49　夹出气门锁片

（3）转动____________________，移出气门拆装夹具即可拿出气门弹簧、弹簧座、气门及气门油封，如图 1-50 所示。注意油封可用鲤鱼钳夹住拔出来。

图 1-50　拿出气门弹簧

（4）逐一拆卸气门后，注意按顺序将拆下的配件放好，如图 1-51 所示。排气门和进气门都要____________________，锁片、气门弹簧、气门弹簧座要按缸放在一起，以免在装配时混装。

图 1-51　按顺序将拆下的配件放好

2．用气门拆装夹具安装气门组

（1）清洗____________________，并用压缩空气吹干净。

（2）分别在____________________上涂一层机油。

（3）将气门按顺序插进气门导管内，安装____________________。

（4）安装________________，用气门拆装夹具压缩气门弹簧至气门杆露出气门锁片槽。

（5）用____________________夹住气门锁片（沾些润滑脂）放入气门弹簧座中，可使锁片粘在气门杆上。

（6）放松____________________，使气门锁片进入气门弹簧座的锥形内圈里。

（7）用方木垫起气缸盖，使气门头部有松动余地，用____________________轻轻敲气门杆端部，检查气门锁片是否装好，（____________________，即为装好）。

3．用活塞环钳拆装活塞环

（1）将________________紧贴活塞的顶部，钳口对准活塞环开口，活塞环钳夹住活塞环如图 1-52 所示。

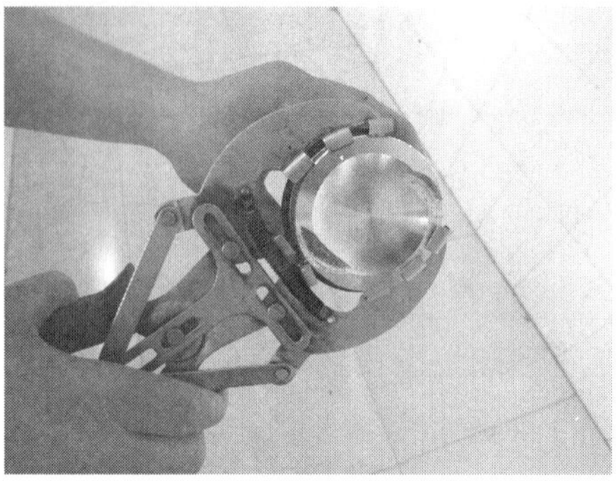

图 1-52　活塞环钳夹住活塞环

（2）用手____________________，当活塞环全部脱离活塞后，慢慢向上移动，直到活塞环脱离活塞，如图 1-53 所示。

图 1-53　活塞环脱离活塞

（3）安装时，先将活塞环紧贴在活塞环钳上面，同时慢慢______________，使活塞环固定在活塞环钳上，如图 1-54 所示。

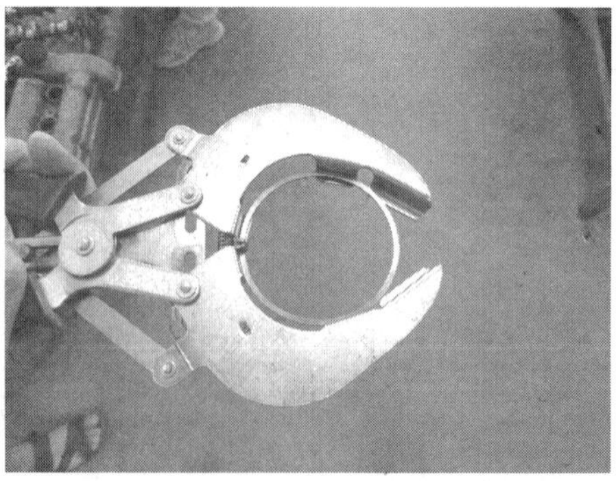

图 1-54　活塞环固定在活塞环钳上

（4）压缩活塞环钳，当＿＿＿＿＿＿＿＿＿＿＿＿时，缓慢平整地放入活塞环槽内，如图 1-55 所示。

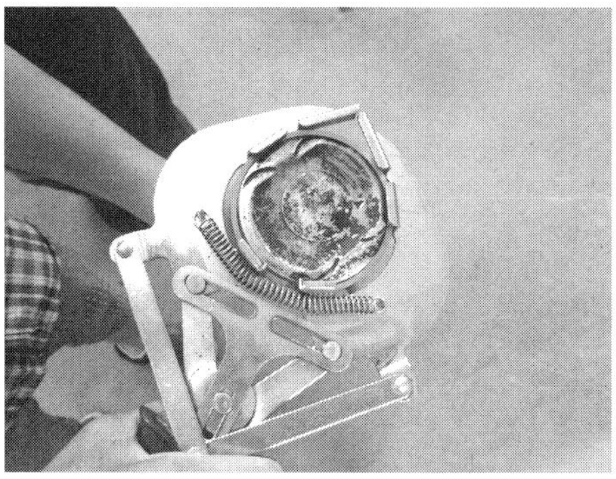

图 1-55　将活塞环放入活塞环槽内

（二）在实训车间完成利用活塞环拆装钳拆装活塞环，利用气门弹簧拆装架拆装气缸盖气门、锁片、气门座等零部件

要求：

（1）按照维修手册的要求拆装活塞环。

（2）按照维修手册的要求拆装气缸盖气门零部件。

（3）按规定操作，注意生产安全，任务完成后注意保持卫生。

考核

学生学习评价表

评价内容		自我评价（打分）	相互评价（打分）	教师评价（打分）
信息收集	理解任务或问题的程度			
	收集信息的完整性			
	对信息（知识）的领悟性			
制订计划	计划制订的参与程度			
	计划的合理性及实用性			
修改计划	和老师讨论如何修改计划			
	和老师讨论后，是否知道如何改进计划			
	计划修改后的完整性			
实施	是否按计划进行工作			
	是否亲自实施计划			
	是否记录工作过程及结果			

续表

评价内容		自我评价（打分）	相互评价（打分）	教师评价（打分）
检查	是否按计划的要求去完成任务			
	是否达到预期目标			
	整个工作流程是否与标准流程符合			
评价	按计划是否完成了任务或解决了问题			
	在哪个环节上可以改进			
	学习团队的合作情况			
总评				

一体化项目（任务）考核评分表

任课教师签字：

序号	考核内容	配分	评分标准	考核记录	扣分	得分
一	活塞环及气门的拆装	5	准备工具			
		5	用活塞环钳拆卸第一道气环			
		5	用活塞环钳拆卸第二道气环			
		10	用气门压缩工具压缩气门弹簧至露出气门锁片			
		10	用尖嘴钳（或一字螺丝刀）夹出气门锁片			
		10	放松气门弹簧后，移出气门拆装工具			
		5	拿出气门弹簧、弹簧座、气门及气门油封等零部件			
		15	按相反的顺序装好气门的零部件			
		10	按相反的顺序装好活塞环			
二	职业素养	10	课堂的纪律性			
		5	文明操作			
		5	工具及设备的整齐、清洁度			
三	基础知识填空	5	回答正确，书写工整，按时全部完成			
合计		100				

任务6 汽车电气检测仪表工具

姓名：__________ 班级：__________ 日期：__________

基础知识

一、填空题

1．请写出如图 1-56 所示 DY2201 型数字万用表各部分的名称及用途。

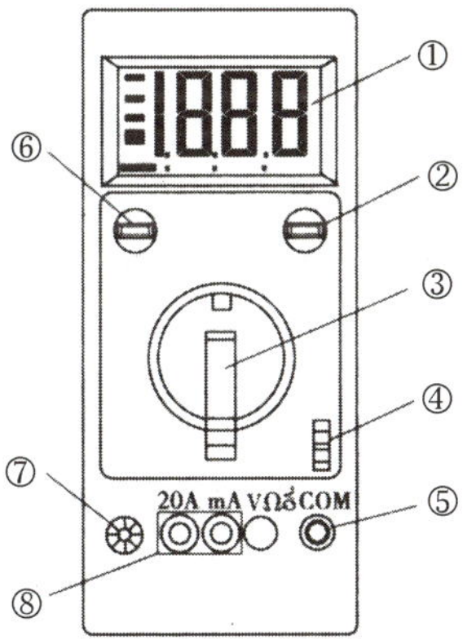

图 1-56　DY2201 型数字万用表

① ______________________________。

② ______________________________。

③ ______________________________。

④ ______________________________。

⑤ ______________________________。

⑥ ______________________________。

⑦ ______________________________。

⑧ ______________________________。

2．万用表的基本原理是利用______________________________，当微小电流通过表头时就会有电流指示，但表头不能通过大电流，所以必须在表头上并联或串联一些电阻进行分流或降压，从而测出______________________________。

3．指针式万用表可用来测量______________________________等。汽车维修中常用万用表来测量______________________等，以判断电路的通断和电气设备的技术状况。

4．电阻的测量方法是什么？

表盘上有几种电量的刻线，测量时应弄清从哪一道刻线读数和如何处理读数。电阻的测量方法为：将开关转到______________________________。将两触针的一端分别插入________________插孔中，另一端直接接触短路，____。

5．直流电压的测量方法是什么？

将开关转到直流电压（V）挡的适当位置。注意触针的______________要和电路两端的正负一致，否则指针反摆，______________。从“D-C”刻线上读数时，如果电压挡在“50”位置，那么该道刻线满量程是______，每小格是 1 V。在测量电压前，如果表针不在零位，可转动表盘下面带有起子口的螺钉来调整指针归零。

6．交流电压的测量方法是什么？

与直流电压基本相同，只需将选择开关转到交流电压（V～）挡的适当位置。若被测电压 10 V 以上，则应从第三道刻线“A≈C”上读数；若被测电压在______________，则应从第四道刻线“AC10V”上读数。

7．数字万用表是一种新型的__________________________工具，在近年来迅速得到推广和普及，在许多情况下正在逐步取代模拟万用表。

8．用数字万用表测量直流电压。

（1）将功能/量程开关置于____________________。

（2）将黑表笔插入______________，红表笔插入______________。将表笔并联在______________上，仪表在显示电压读数的同时会指示出红表笔的极性。

9．用数字万用表测量交流电压。

（1）将功能/量程开关置于____________________________________。

（2）将黑表笔插入 COM 插孔，红表笔插入显露的表笔插孔（VΩ插孔），并将表笔并联在______________________________，仪表即显示电压读数。

10．用数字万用表测量直流电流。

（1）将功能/量程开关置于______________________________________。

（2）将黑表笔插入 COM 插孔，红表笔插入__________________________。将测试表笔串联至被测电路中，仪表显示电流读数的同时会指示出红表笔的极性。

11．用数字万用表测量电阻。

（1）将功能/量程开关置于________________________。

（2）将黑表笔插入 COM 插孔，红表笔插入________________________，将测试表笔跨接在________________________。

12．用数字万用表测量电阻时的注意事项。

（1）当输入开路时，________________________。

（2）当被测电阻在 1 MΩ以上时，____。

（3）检测在线电阻时，____。

13．试灯由________________________组成。

14．试灯________________，携带方便，经常应用于汽车________________的故障检测，也可以代替________________________。

15．电子点火器的基本电路内部主要是一个____________电路。由磁电线圈、霍尔传感器或者车载电脑 ECU 的 IGT 信号去触发其导通或截止，从而控制点火线圈____________的通断，实现____________。

16．检测电子点火器是否存在故障时，可将试灯接于点火线圈的________________之间，拔下____，应调换极性或重新检查接线端子是否有误。调整后如果试灯如果仍然不亮或长亮不闪，说明________________________。也可用 2 个 3～5 W 的汽车仪表灯泡分别与电子点火器的“1”端和“2”端串联后再接至蓄电池正极（________________________________），这样可使灯泡②代替________________，作为点火器内部功率________________（注意：________________________________），另一个灯泡①作为________________________。由于内部电路的电流小，在该灯泡上的________________________，因此只会使________________，但并不影响其前置放大功能。然后，________________________，将使灯泡②闪亮。如果灯泡②不闪亮，________________________。如果调整后灯泡②仍然不亮或长亮不闪，说明________________________。这里用了 2 个 3～5 W 的灯泡做了保护与指示，正常闪亮发光的是“2”端，晶体管集电极，电流大；微红的是____________，内部前置电路，电流小。由于串联 2 个灯泡，________________________。也可以将点火线圈与点火器的导线连接器插接好，用电压表或示波器检查发动机 ECU 端子间的电压。

二、选择题

1. 下列不可用万用表测量的物件是（　　）。

   A. 传感器　　B. 蓄电池

   C. 气压　　D. 电机

2. 关于万用表蜂鸣挡的使用，下列说法错误的是（　　）。

   A. 检测某一线路的通断情况

   B. 可用于万用表自检

   C. 万用表自检时数字超过 80 便不会发出警报

   D. 以上说法都不正确

3. 下列关于正确使用试灯的说法，错误的是（　　）。

   A. 使用试灯之前，首先要检查试灯里有无安全电阻，再直观检查试灯是否有损坏，有无受潮或进水，检查合格后才能使用

   B. 使用试灯时，可用手触及试灯前端的金属探头

   C. 在测量电气设备是否带电之前，先要找一个已知电源测一测试灯的氖泡能否正常发光，能正常发光，才能使用

   D. 在明亮的光线下测试带电体时，应特别注意氖泡是否真的发光（或不发光），必要时可用另一只手遮挡光线仔细判别

三、判断题

1. 正确地使用开关，根据测量的类别，选用不同的挡位。（　　）
2. 在测量前如果不知被测电压范围，应优先选择最高挡位进行测量。（　　）
3. 当只显示最高位“1”时，说明万用表所选挡位量程过小。（　　）
4. 万用表可用于测量高于 1 000 V 的电压。（　　）
5. 测量高压时除应选择好正确的量程外，还应戴上绝缘手套。（　　）

实践操作训练

参照教程补全以下操作步骤，并按步骤完成实际操作，将测量结果填入表 1-2 中

1．起动机电磁开关检测

（1）准备工具（______________等），将表笔插入相应的插孔中。

（2）打开______。

（3）检查万用表。将万用表的功能开关置于__________，__________两表笔，此时万用表应发出蜂鸣声，否则万用表就不能使用。

（4）将功能开关置于所需量程范围（____________）。

（5）测量发电机电磁开关吸引线圈的电阻。一表笔接触__________，另一表笔接触__________，如图 1-57 所示。标准吸引线圈的电阻值为__________，若电阻值__________，说明吸引线圈有短路或断路故障，需要更换。

（6）测量保持线圈的电阻。一表笔接触__________，另一表笔__________，如图 1-58 所示。标准保持线圈的电阻值为__________，若电阻值__________，说明保持线圈有短路或断路故障，需要更换。

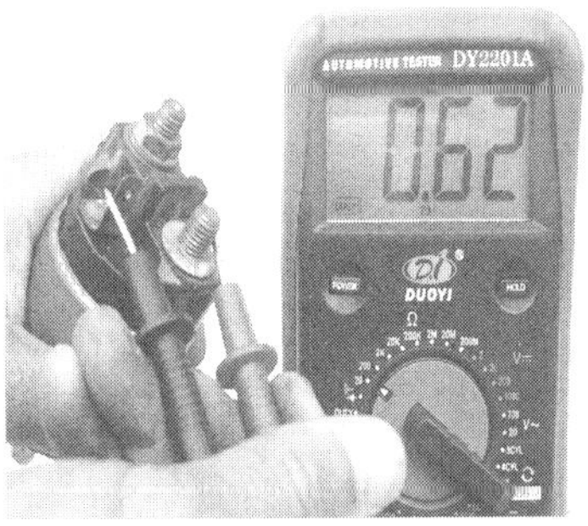

图 1-57　测量吸引线圈的电阻

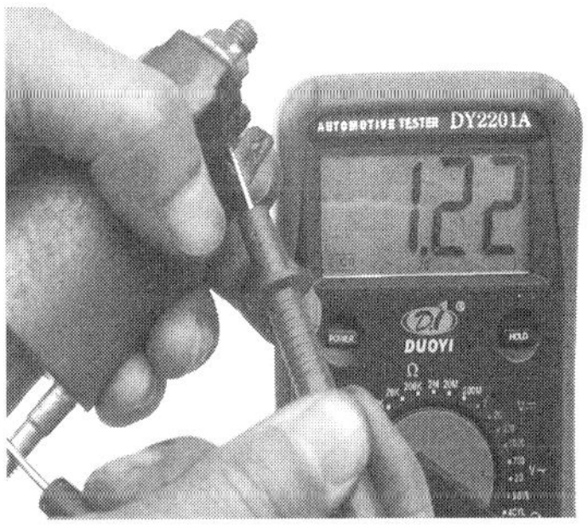

图 1-58　测量保持线圈的电阻

（7）测量电磁开关的接触情况。将万用表的功能开关置于______________，两表笔分别连接到电磁开关的接线柱上，同时用力压下铁芯，如图 1-59 所示。

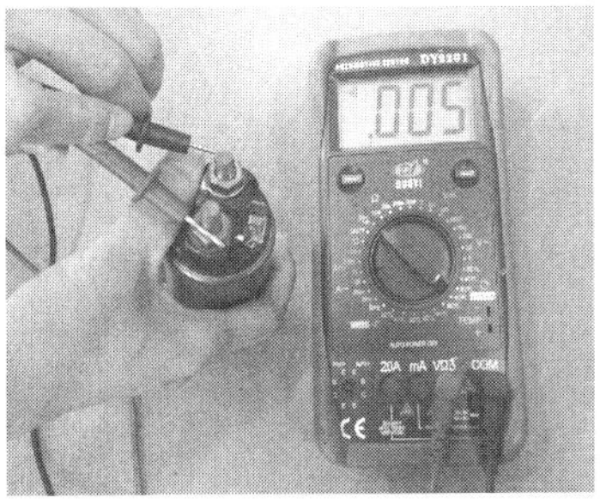

图 1-59　测量电磁开关的接触情况

2．测量蓄电池电压

将万用表的功能开关置于____________________，两表笔分别连接蓄电池的正、负极，查看读数，如图 1-60 所示。

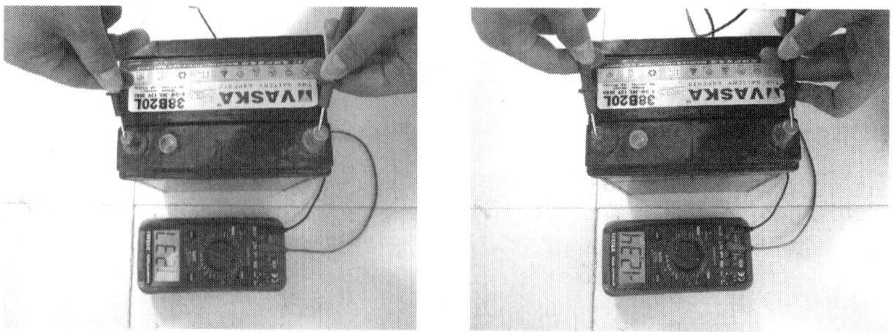

图 1-60 测量蓄电池电压

表 1-2 测量结果

序号	测量项目	测量数值
1	吸引线圈的电阻（Ω）	
2	保持线圈的电阻（Ω）	
3	电磁开关的接触情况	
4	蓄电池电压（V）	

考核

学生学习评价表

评价内容		自我评价（打分）	相互评价（打分）	教师评价（打分）
信息收集	理解任务或问题的程度			
	收集信息的完整性			
	对信息（知识）的领悟性			
制订计划	计划制订的参与程度			
	计划的合理性及实用性			
修改计划	和老师讨论如何修改计划			
	和老师讨论后，是否知道如何改进计划			
	计划修改后的完整性			
实施	是否按计划进行工作			
	是否亲自实施计划			
	是否记录工作过程及结果			

续表

评价内容		自我评价（打分）	相互评价（打分）	教师评价（打分）
检查	是否按计划的要求去完成任务			
	是否达到预期目标			
	整个工作流程是否与标准流程符合			
评价	按计划是否完成了任务或解决了问题			
	在哪个环节上可以改进			
	学习团队的合作情况			
总评				

一体化项目（任务）考核评分表

任课教师签字：

序号	考核内容	配分	评分标准	考核记录	扣分	得分
一	用数字万用表测量电阻和直流电压	5	准备工具、零件			
		5	插好表笔连线			
		5	打开电源开关			
		10	选择量程			
		10	校核仪器			
		15	测量电磁开关的电阻			
		15	测量蓄电池的直流电压			
		10	整理工具、零件			
二	职业素养	10	课堂的纪律性			
		5	文明操作			
		5	工具及设备的整齐、清洁度			
三	基础知识填空	5	回答正确，书写工整，按时全部完成			
合计		100				

项目二

量　　具

任务1　钢直尺、卡钳、塞尺及刀口尺

姓名：＿＿＿＿＿＿　班级：＿＿＿＿＿＿　日期：＿＿＿＿＿＿

基础知识

一、填空题

1．如图 2-1 所示，请注明图 2-1（a）、图 2-1（b）的名称，并说明其用途。

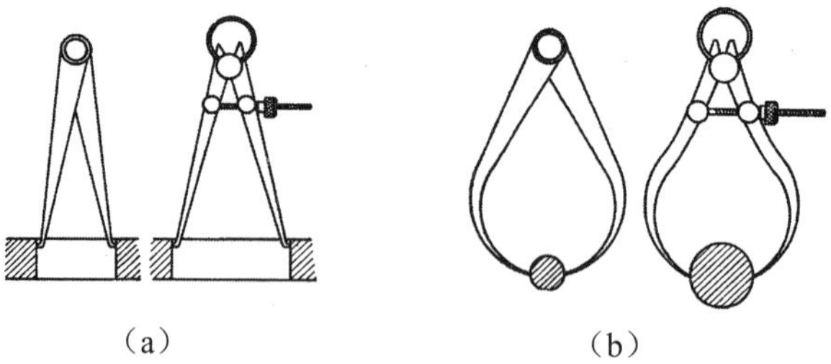

图 2-1　常见的内、外卡钳

图 2-1（a）＿＿＿＿＿＿＿＿＿＿＿＿＿＿＿＿＿＿＿＿＿＿＿＿＿＿＿＿＿＿

＿＿＿＿＿＿＿＿＿＿＿＿＿＿＿＿＿＿＿＿＿＿＿＿＿＿＿＿＿＿＿＿＿＿＿＿。

图 2-1（b）____

____。

2．外卡钳的使用。利用外卡钳在钢直尺上量取尺寸及其测量方法如图 2-2（a）所示，量取尺寸时，一个钳脚的测量面靠在钢直尺的端面上，另一个钳脚的测量面对准所需尺寸刻线的中间，且两个测量面的连线应与钢直尺平行，人的视线要垂直于钢直尺。

用外卡钳测量外径，就是比较____________________________的松紧程度，如图 2-2（b）所示，以卡钳的自重能刚好滑下为宜。当卡钳滑过外圆时，如果手没有感觉到卡钳触碰了被测物，就说明外卡钳比零件的外径尺寸大；如果仅靠外卡钳的自重不能滑过零件外圆，就说明外卡钳比零件的外径尺寸小。操作卡钳时不可____________________________，否则会产生误差，如图 2-2（c）所示。由于卡钳有弹性，不能将外卡钳用力压过外圆，更不能把卡钳横着卡上去，如图 2-2（d）所示。对于大尺寸的外卡钳，靠其自重滑过零件外圆的测量压力太大，此时应托住卡钳进行测量，如图 2-2（e）所示。对于小尺寸的零件，也可以用卡钳跨过零件，然后用外力将卡钳滑过外圆进行测量，如图 2-2（f）所示。

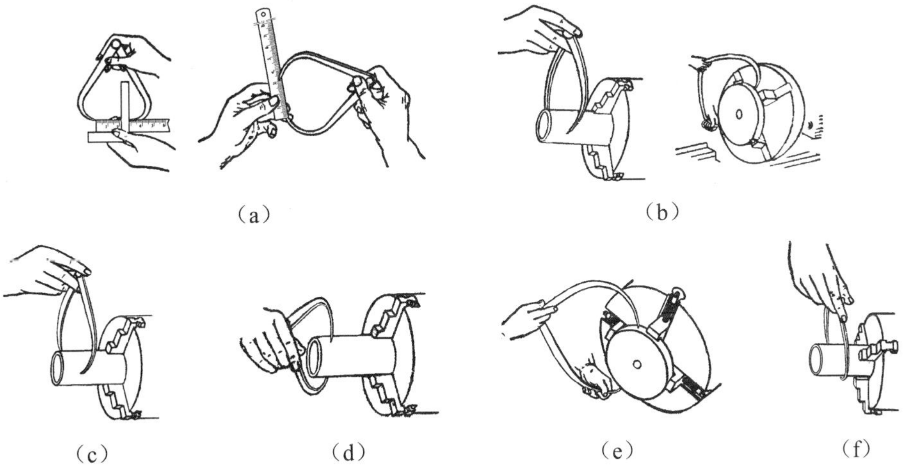

图 2-2　利用外卡钳在钢直尺上量取尺寸及其测量方法

3．内卡钳的使用。用内卡钳测量内径时，应将钳脚的测量面放在孔壁上作为支点，如图 2-3（a）所示，上面的钳脚由____，并沿孔壁圆周方向摆动，当沿孔壁圆周方向能摆动的距离最小时，则表示内卡钳脚的两个测量面已处于内孔直径的两端点了，如图 2-3（b）所示。

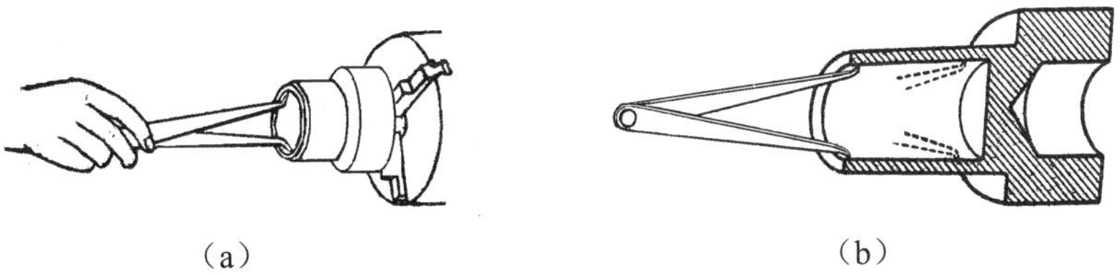

图 2-3　内卡钳测量方法

4．卡钳是一种简单的量具，它具有结构简单、制造方便、价格低廉、维护和使用方便等特点，被广泛应用于________________和检验。尤其在测量和检验锻铸件的毛坯尺寸时，卡钳是最合适的测量工具。

5．塞尺又称________________，主要用来检验机床的特别紧固面与紧固面、________________、________________、十字头滑板与导板、进排气阀顶端与摇臂、________________等两个结合面之间的间隙大小。塞尺由许多层厚薄不一的薄钢片组成，按照塞尺的组别制成一把一把的塞尺，每把塞尺中的每片薄钢片具有两个平行的测量平面，且都有厚度标记。测量气门间隙时，根据结合面间隙的大小，用________________________________。

6．刀口尺是一种平面精度很高的测量仪器，主要用来检测平尺、平板、机床工作台、导轨和精密工件的平面度与直线度。在汽车修理时常用刀口尺来测量________________。

7．刀口尺主要用于________________________________，也可与量块一起，用于检验平面精度。它具有结构简单、____________________________等优点。

8．刀口尺按制作材质不同分为________________、________________两种。其中镁铝合金刀口尺质量轻，使用方便，不易变形，不会生锈，易于保管。

二、选择题

1．下列量具中可用于测量外径和平面的是（　　）。

A．钢直尺　　B．游标卡尺

C．外径千分尺　　D．卡钳

2．刀口尺是一种精度很高的测量仪器，主要用来检测（　　）。

A．长度　　B．斜面

C．平面　　D．宽度

3．关于塞尺的使用，下列说法正确的是（　　）。

A．根据结合面的间隙情况选用塞尺片数，片数的多少无直接影响

B．可用于测量温度较高的工件

C．读数时，按塞尺片上所标数值直接读数即可

D．塞尺结构简单，无须保养

三、判断题

1．卡钳开度的调节，应首先检查钳口的形状。（　　）

2．调节卡钳的开度时，不需要敲击卡钳脚的两侧面。（　　）

3．使用塞尺时应根据结合面的间隙情况选择适当的厚度。（　　）

4．不允许在测量过程中剧烈弯折塞尺，或用较大的力硬将塞尺插入被检测间隙，否则将损坏塞尺的测量表面或零件表面的精度。（　　）

5．使用完后，应将塞尺擦拭干净，然后将塞尺折回夹框内，禁止将塞尺放在重物下，以防因锈蚀、弯曲、变形而损坏。（　　）

实践操作训练

（一）参照教程补全以下操作步骤

1．利用刀口尺和塞尺测量发动机气缸盖的平面度

（1）将被测零部件和工具清洁干净。

（2）将__________________垂直放置在气缸盖上，用__________________测量各测量点，如图 2-4 所示。若薄的塞尺通过此点，则需更换厚一些的塞尺，直到不能通过为止，此时这个不能通过的塞尺的厚度即为气缸盖的间隙。例如，0.05 mm 的塞尺能通过，0.06 mm 的塞尺不能通过，则此处的间隙为 0.06 mm。

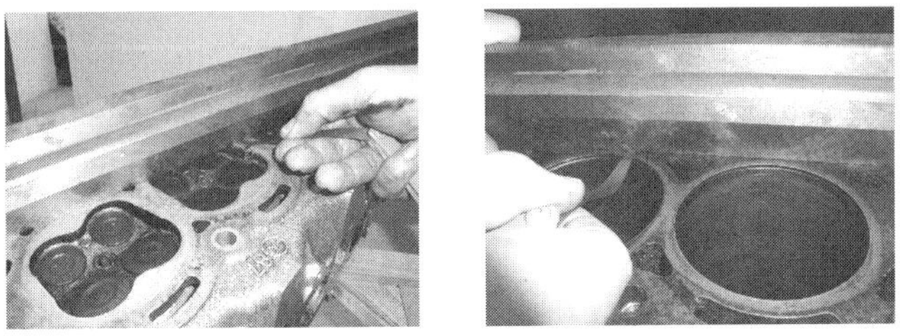

图 2-4　用刀口尺和塞尺测量气缸平面度

2．用塞尺测量发动机的气门间隙

（1）有摇臂的气门间隙测量方法：____，如图 2-5 所示。

（2）凸轮轴直接驱动气门的气门间隙测量方法：____，如图 2-6 所示。

图 2-5 测量有摇臂的气门间隙

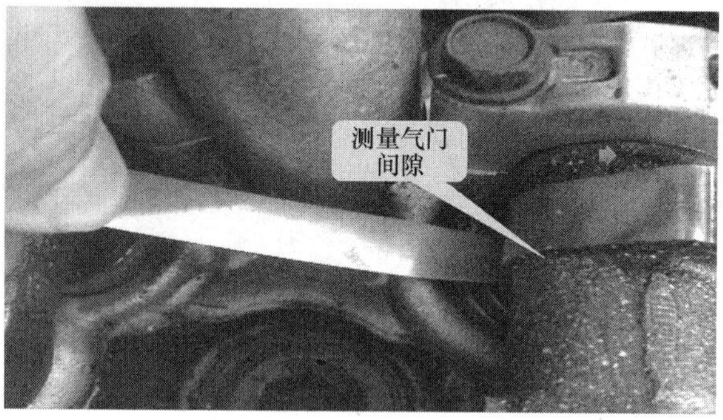

图 2-6 测量凸轮轴直接驱动气门的气门间隙

（二）参照教程在实训车间完成实际操作，并将测量结果填入表 2-1 中

表 2-1 气缸盖测量数值记录表

位 置	测 量 值					平 面 度
1						
2						
3						
4						
5						
6						
结论及判断：						

（1）利用刀口尺和塞尺测量发动机气缸盖的平面度。

（2）用塞尺测量发动机的气门间隙。

要求：按规定操作，注意生产安全，任务完成后注意保持卫生。

考核

学生学习评价表

评价内容		自我评价（打分）	相互评价（打分）	教师评价（打分）
信息收集	理解任务或问题的程度			
	收集信息的完整性			
	对信息（知识）的领悟性			
制订计划	计划制订的参与程度			
	计划的合理性及实用性			

续表

评价内容		自我评价（打分）	相互评价（打分）	教师评价（打分）
修改计划	和老师讨论如何修改计划			
	和老师讨论后，是否知道如何改进计划			
	计划修改后的完整性			
实施	是否按计划进行工作			
	是否亲自实施计划			
	是否记录工作过程及结果			
检查	是否按计划的要求去完成任务			
	是否达到预期目标			
	整个工作流程是否与标准流程符合			
评价	按计划是否完成了任务或解决了问题			
	在哪个环节上可以改进			
	学习团队的合作情况			
总评				

一体化项目（任务）考核评分表

任课教师签字：

序号	考核内容	配分	评分标准	考核记录	扣分	得分
一	利用刀口尺和塞尺测量发动机气缸盖的平面度、气门间隙	5	准备工具			
		5	清洁被测零部件和工具			
		15	将刀口尺垂直放置在气缸盖上，用塞尺测量各测量点			
		15	用同样的方法测量另外 5 个方向的间隙			
		15	将所测量的数据填入表格中，计算平面度			
		10	用手将摇臂往上拉起，用塞尺测量气门间隙			
		10	凸轮轴直接驱动的则直接用塞尺测量			
二	职业素养	10	课堂的纪律性			
		5	文明操作			
		5	工具及设备的整齐、清洁度			
三	基础知识填空	5	回答正确，书写工整，按时全部完成			
合计		100				

任务2 游标读数量具

姓名：______ 班级：______ 日期：______

基础知识

一、填空题

1. 如图 2-7 所示为游标卡尺，请注明图中各数字的名称，并说明其用途。

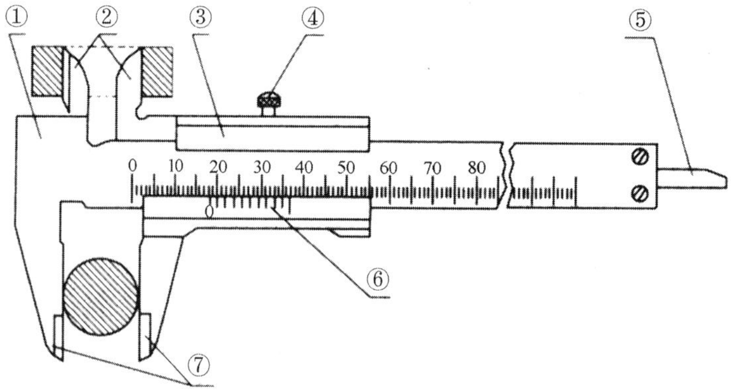

图 2-7 游标卡尺

① ______________________________。

② ______________________________。

③ ______________________________。

④ ______________________________。

⑤ ______________________________。

⑥ ______________________________。

⑦ ______________________________。

2. 应用游标读数原理制成的量具有游标卡尺、高度游标卡尺、深度游标卡尺、游标量角尺（如万能量角尺）和齿厚游标卡尺等，用于测量零件的________、________、

__________、宽度、厚度、__________、__________、角度及齿轮的齿厚等，应用范围非常广泛。

3．游标卡尺是一种常用的量具，具有____________________和测量的尺寸范围大等特点，可以用它来测量零件的____。

4．带表卡尺（如图 2-8 所示）是以精密齿条、齿轮的齿距作为已知长度，以带有相应分度的指示表作为放大、细分和指示部分的大型手携式长度测量工具。带表卡尺能解决游标卡尺的读数误差问题。由于表上的读数是通过齿轮传动得到的，因此在使用时要慢慢拉动尺框以免产生人为测量的误差。常见的最小读数值有__________和__________两种。

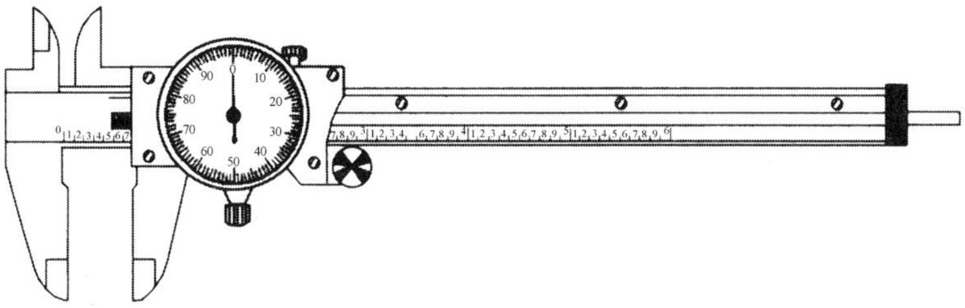

图 2-8　带表卡尺

5．电子数显卡尺（如图 2-9 所示）是利用_____________________________，对两测量面相对移动分隔的距离进行读数的测量器具。它采用容栅、磁栅等测量系统，以数字显示测量示值的长度。常用的分辨率为 0.01 mm，允许误差为____________________；也有分辨率为 0.005 mm 的高精度数显卡尺，允许误差为____________________；还有分辨率为 0.001 mm 的多用途数显千分卡尺，允许误差为____________________。电子数显卡尺读数直观、清晰，测量效率较高。

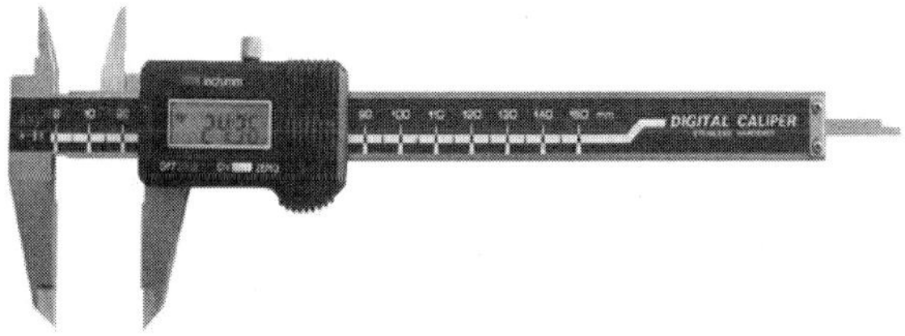

图 2-9　电子数显卡尺

6．请写出如图 2-10 所示的游标卡尺的读数：____________________。

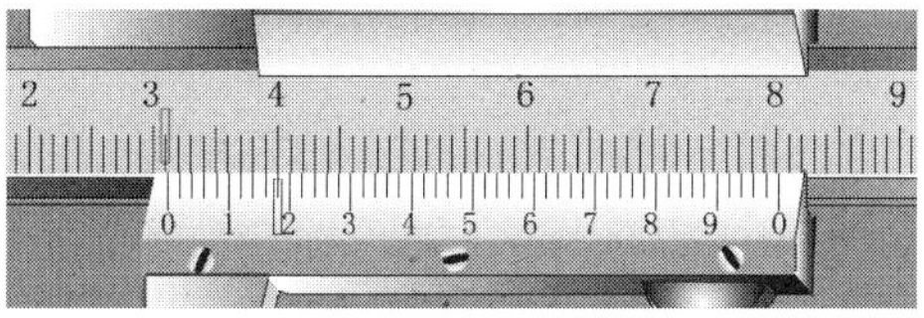

图 2-10　游标卡尺读数（1）

7．请写出如图 2-11 所示的游标卡尺的读数：____________________。

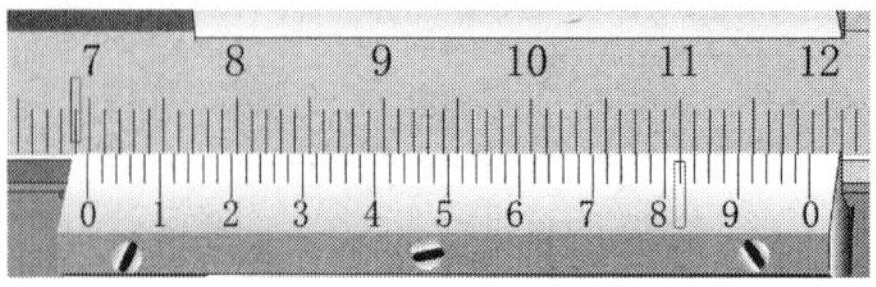

图 2-11　游标卡尺读数（2）

8．测量或检验零件尺寸时，要按照零件尺寸的精度要求选用__________________。游标卡尺是一种中等精度的量具，它只适用于__________________________________。用游标卡尺去测量___________________________，都是不合理的。前者容易损坏量具，后者达不到要求的测量精度，这是因为量具都有一定的示值误差。

二、选择题

1．可用于测量外尺寸、内尺寸、盲孔、阶梯形孔、凹槽等相关尺寸或深度的量具是（　　）。

A．钢直尺　　B．塞尺

C．游标卡尺　　D．以上都可以

2．游标卡尺的分度值有（　　）三种。

A．0.02 mm、0.05 mm 和 0.10 mm

B．0.02 mm、0.04 mm 和 0.10 mm

C．0.02 mm、0.05 mm 和 0.08 mm

D．0.03 mm、0.05 mm 和 0.10 mm

3．下列关于检查游标卡尺各部件的相互作用的说法，不正确的是（　　）。

A．轻拉或推移游标卡尺的尺框，尺框在尺身上移动应平稳，不应有阻滞现象

B．尺身和尺框的配合应无明显晃动

C．紧固螺钉应可靠紧固，无松旷

D．微动装置的空程应不超过 1/3 转

三、判断题

1．使用后清洁量具，将游标卡尺的测量面和尺身用干净的软布擦去手指印和油污，测量面轻涂一层润滑油，固定放置于量具盒内。（　　）

2．游标卡尺点检时，紧固螺钉不应松脱，最多退出 2 牙为宜。（　　）

3．游标卡尺应摆放在振动的机床上；送检时，手推车上应垫以泡沫、塑料或软布减震。（　　）

4．游标卡尺应摆放在环境存在强磁力的位置，以及酸性氛围和潮湿的地方。（　　）

5．游标卡尺应定置摆放，允许与工具（榔头、钳子等）、刀具、零件等杂物混放，但不允许与其他量具触碰、叠放。（　　）

实践操作训练

用游标卡尺检查离合器片总成（操作步骤参见教程），将测量数据记录在表 2-2 中

表 2-2　测量数据记录表

	测量位置 1	测量位置 2	测量位置 3	测量位置 4
铆钉头部深度				
膜片弹簧磨损的深度				
膜片弹簧磨损的宽度				
齿轮的外径				

（1）用游标卡尺测量铆钉头部深度，深度为______________________________。

（2）用游标卡尺检查膜片弹簧磨损的深度和宽度，分别为____________________。

（3）用游标卡尺测量齿轮的外径，为______________________________。

考核

学生学习评价表

评价内容		自我评价（打分）	相互评价（打分）	教师评价（打分）
信息收集	理解任务或问题的程度			
	收集信息的完整性			
	对信息（知识）的领悟性			
制订计划	计划制订的参与程度			
	计划的合理性及实用性			

续表

评价内容		自我评价（打分）	相互评价（打分）	教师评价（打分）
修改计划	和老师讨论如何修改计划			
	和老师讨论后，是否知道如何改进计划			
	计划修改后的完整性			
实施	是否按计划进行工作			
	是否亲自实施计划			
	是否记录工作过程及结果			
检查	是否按计划的要求去完成任务			
	是否达到预期目标			
	整个工作流程是否与标准流程符合			
评价	按计划是否完成了任务或解决了问题			
	在哪个环节上可以改进			
	学习团队的合作情况			
总评				

一体化项目（任务）考核评分表

任课教师签字：

序号	考核内容	配分	评分标准	考核记录	扣分	得分
一	用游标卡尺检查离合器片总成	5	准备工具			
		5	清洁被测零部件和工具			
		20	用游标卡尺测量铆钉头部深度			
		20	用游标卡尺测量膜片弹簧磨损的深度和宽度			
		15	用游标卡尺测量齿轮的外径			
		10	将所测数据填入表中			
二	职业素养	10	课堂的纪律性			
		5	文明操作			
		5	工具及设备的整齐、清洁度			
三	基础知识填空	5	回答正确，书写工整，按时全部完成			
合计		100				

任务3 螺旋测微量具

姓名：＿＿＿＿＿＿　班级：＿＿＿＿＿＿　日期：＿＿＿＿＿＿

基础知识

一、填空题

1．请分别写出如图 2-12～图 2-15 所示的千分尺的读数。

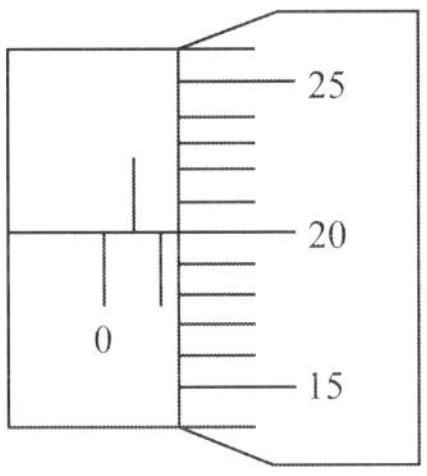

图 2-12

＿＿＿＿＿＿＿＿＿＿

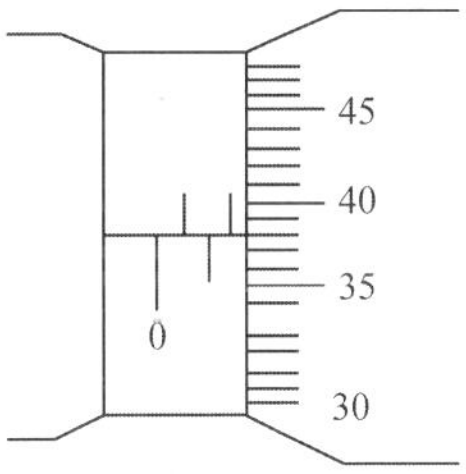

图 2-13

＿＿＿＿＿＿＿＿＿＿

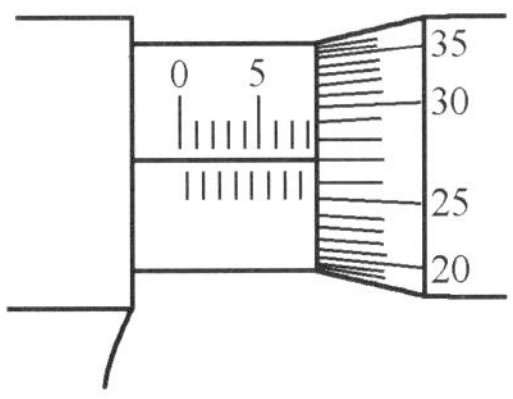

图 2-14

＿＿＿＿＿＿＿＿＿＿

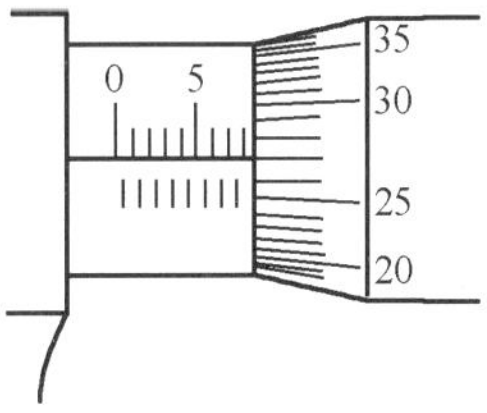

图 2-15

＿＿＿＿＿＿＿＿＿＿

2．千分尺的种类很多，常用的有＿＿＿＿＿＿、＿＿＿＿＿＿、＿＿＿＿＿＿、＿＿＿＿＿＿和＿＿＿＿＿＿等，分别用于测量或检验零件的外径、内径、深度与厚度、螺纹的中径和齿轮的公法线长度等。

3．外径千分尺由＿＿＿＿＿＿、＿＿＿＿＿＿、＿＿＿＿＿＿和

____________________等组成。

4．用千分尺测量零件的尺寸，就是把被测零件置于千分尺的两个测量面之间，所以____的距离，就是零件的测量尺寸。

5．千分尺的读数方法是什么？

（1）____。

（2）读出微分筒上的尺寸，要看清微分筒圆周上哪一格与固定刻度套筒的中线基准对齐，____。

（3）____。

6．千分尺在使用过程中，由于磨损和使用不当会使____________________________，所以应____。

7．校正千分尺的零位，就是____，容易造成产品质量事故。所以，在使用千分尺的过程中，__________________________________。

8．如果零位没对准是由于微分筒的“0”线没有对准固定刻度套筒的中线，那么也必须进行校正。可用千分尺的____，____。但当微分筒的“0”线相差较大时，不应采用此法调整，而应该采用松开测力装置、转动微分筒的方法来校正。

（1）如果误差低于0.02 mm，可使锁销啮合以便固定轴，然后使用____。

（2）如果误差大于0.02 mm，可使锁销啮合以便固定轴，然后使用____。

9．调整千分尺的间隙。千分尺在使用时由于磨损等原因，会使____，以便保持千分尺的精度。

二、选择题

1．外径千分尺的精度为（　　）。

A．0.01 mm　　　　B．0.02 mm

C．0.03 mm　　D．0.04 mm

2．外径千分尺可用于测量（　　）。

A．厚度　　B．深度

C．平面度　　D．曲度

3．外径千分尺微分筒旋转一周，螺杆轴向移动的数据为（　　）。

A．0.25 mm　　B．0.5 mm

C．0.75 mm　　D．0.10 mm

三、判断题

1．转动微分筒和测力装置时不能过分用力。（　　）

2．当转动微分筒带动活动测头接近被测工件时，切勿改用测力装置旋转接触被测工件，应直接旋转微分筒测量工件。（　　）

3．当活动测头与固定测头卡住被测工件或锁住锁紧装置时，不能强行转动微分筒。（　　）

4．有些千分尺为了防止手湿使尺架膨胀产生微小的误差，测量时应手握隔热装置，尽量减少手和千分尺金属部分的接触。（　　）

5．外径千分尺使用完毕，应用布擦干净，在固定测头和活动测头的测量面之间留出空隙，放入盒中。如长期不使用可在测量面涂上防锈油，置于干燥处。注意不能让它接触腐蚀性的气体。（　　）

实践操作训练

用千分尺测量 462Q 发动机活塞直径及曲轴和凸轮轴的轴径（操作步骤见教程），并将测量数据填入表 2-3

发动机活塞直径为：第一缸____________________，第二缸____________________，第三缸____________________，第四缸____________________。

曲轴的轴径为：____________________。

凸轮轴的轴径为：____________________。

表 2-3 测量数据记录表

名称	位置			
	1	2	3	4
活塞				
曲轴				
凸轮轴				

考核

学生学习评价表

评价内容		自我评价（打分）	相互评价（打分）	教师评价（打分）
信息收集	理解任务或问题的程度			
	收集信息的完整性			
	对信息（知识）的领悟性			
制订计划	计划制订的参与程度			
	计划的合理性及实用性			
修改计划	和老师讨论如何修改计划			
	和老师讨论后，是否知道如何改进计划			
	计划修改后的完整性			
实施	是否按计划进行工作			
	是否亲自实施计划			
	是否记录工作过程及结果			
检查	是否按计划的要求去完成任务			
	是否达到预期目标			
	整个工作流程是否与标准流程符合			
评价	按计划是否完成了任务或解决了问题			
	在哪个环节上可以改进			
	学习团队的合作情况			
总评				

一体化项目（任务）考核评分表

任课教师签字：

序号	考核内容	配分	评分标准	考核记录	扣分	得分
一	利用千分尺测量活塞直径、曲轴及凸轮轴的轴径	5	准备工具			
		5	清洁被测零部件和工具			
		20	用千分尺测量活塞轴径			
		20	用千分尺测量曲轴轴径			
		15	用千分尺测量凸轮轴轴径			
		10	将所测数据填入表中			
二	职业素养	10	课堂的纪律性			
		5	文明操作			
		5	工具及设备的整齐、清洁度			
三	基础知识填空	5	回答正确，书写工整，按时全部完成			
合计		100				

任务4 指示式量具

姓名：__________ 班级：__________ 日期：__________

基础知识

一、填空题

1．百分表由__________、__________、__________、__________、__________组成，其刻度值（读数值）为 0.01 mm。当指针转一圈时，__________，转数指示盘的刻度值为 1mm。其测量杆量程有__________3 种。

2. 内径百分表是______________________的组合，用于测量或检验零件的内孔、深孔直径及其形状精度。

3. 内径百分表测量架的内部结构，在三通管的一端装着活动测量头，另一端装着______________，垂直管口一端，通过表管装有______________。活动测头的移动，使______________回转，通过活动杆，推动百分表的测量杆，使百分表指针产生回转。由于传动杠杆的两侧触点是等距离的，当活动测量头移动 1 mm 时，活动杆也移动 1 mm，推动百分表______________。因此，活动测量头的移动量，可以在百分表上读出来。

4. 内径百分表用来测量圆柱孔，它附有成套的______________，使用前必须先进行______________________。组合时，将百分表装入连杆内，使小指针指在______________位置上，长针和连杆轴线重合，刻度盘上的字应______________，以便于测量时观察，装好后应______________。测量时，______________，______________，同时应在圆周上______________，找出孔径的实际尺寸，看是否在公差范围以内。

5. 内径百分表的设定方法。

（1）使用游标卡尺______________，______________。

（2）根据标准值选择更换杆（在更换杆上标有其尺寸，以 5 mm 递增）和一个调整垫圈，使量规尺寸比缸径大______________。然后依次安装，用调整垫圈进行微调。

（3）当百分表安装到量缸表的规体上时，轴约有______________的移动量。

6. 内径百分表的零校准方法。

（1）______________________________________。

（2）______________________________________。

（3）______________________________________。

7. 气缸内径的测量方法。

（1）______________________________________。

（2）______________________________________。

（3）______________________________________。

（4）______________________________________。

8. 缸径是一个精确的圆。但是______________________，而且活塞均暴露在高温高压下，所以缸径可能变成______________________。

9. 测量气缸内径时，测量的位置应选择______________________
______________________________________。

二、选择题

1. 以下选项中不可用百分表测量的是（　　）。

A. 圆度　　B. 长度

C. 平面度　　D. 平行度

2. 百分表和千分表按其制造精度，可分为（　　）三种。

A. 0 级、1 级、2 级

B. 1 级、2 级、3 级

C. 2 级、3 级、4 级

D. 3 级、4 级、5 级

3. 关于百分表的维护与保养，下列说法正确的是（　　）。

A. 远离液体，不使冷却液、切削液、水或油与百分表接触

B. 在不使用时，要摘下百分表，使表解除其所有负荷，让测量杆处于自由状态

C. 成套保存于盒内，避免丢失与混用

D. 以上说法都正确

三、判断题

1. 百分表使用前，应检查测量杆活动的灵活性。（　　）

2. 使用时，必须把百分表固定在可靠的夹持架上。切不可贪图省事，随便夹在不稳固的地方，以免造成测量结果不准确或摔坏百分表。（　　）

3. 百分表可正常用于测量表面粗糙度或有显著凹凸不平的部件。（　　）

4. 测量平面时，百分表的测量杆要与平面垂直；测量圆柱形工件时，测量杆要与工件的中心线垂直。否则，将使测量杆活动不灵或测量结果不准确。（　　）

5. 在使用百分表和千分表的过程中，要严格防止水、油和灰尘渗入表内，测量杆上也不要加油，免得粘有灰尘的油污进入表内，影响表的灵活性。（　　）

实践操作训练

参照教程补全以下操作步骤，在实训车间完成实践操作，并将数据填入表 2-4

用游标卡尺、千分尺、百分表测量发动机气缸套的直径。

（1）将气缸套和量具清洁干净。

（2）目测检查气缸套内壁是否有____________________缺陷，如有则需更换，不再进行测量。

（3）用__________初步测量气缸内径，为内径百分表的数据设定提供依据，如图 2-16 所示，测得内径为 69.5 mm，通过查手册得知其标准缸径为 69.70 mm。

图 2-16　用游标卡尺初步测量气缸内径

（4）目测检查内径百分表是否__________，__________。____________________________，如图 2-17 所示。

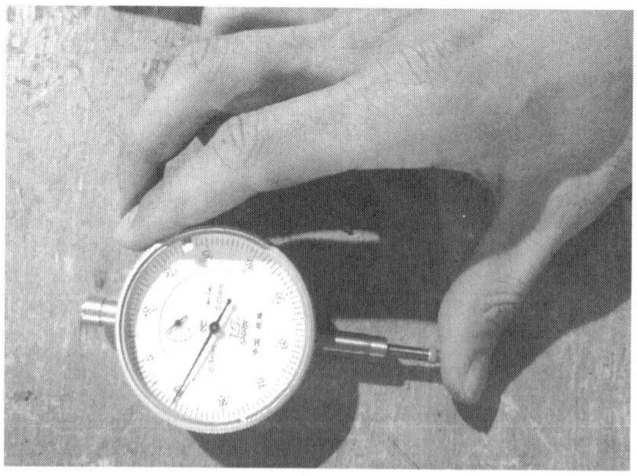

图 2-17　目测检查内径百分表

（5）将百分表装入内径百分表的表杆中，使百分表有 0.5～1 圈的压入量。选择 66～74 的固定测量杆，装好百分表，如图 2-18 所示。注意：________________。

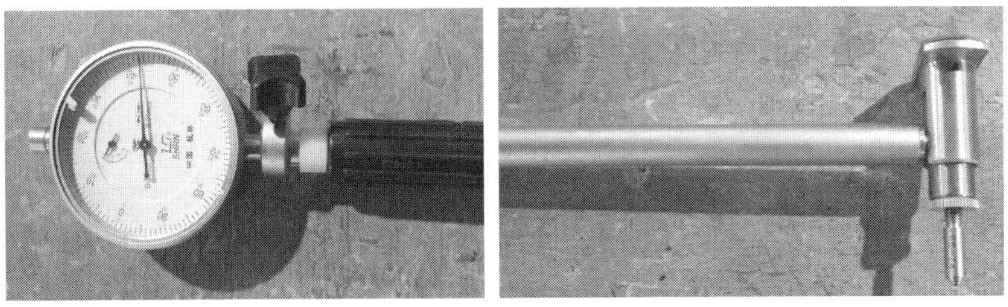

图 2-18　装好百分表

（6）将千分尺调到 69.5 mm 并锁紧，将________________________________。拧转固定测量杆，使百分表的指针转动 0.5～1 圈，以方便气缸套的测量，调整千分尺和百分表如图 2-19 所示。

图 2-19　调整千分尺和百分表

（7）将固定测量杆端保持稳定，上下摆动活动测量头端，使百分表____________时，转动百分表表圈对______________，如图 2-20 所示。注意：此处为动态调零，可能要调几次才准确。

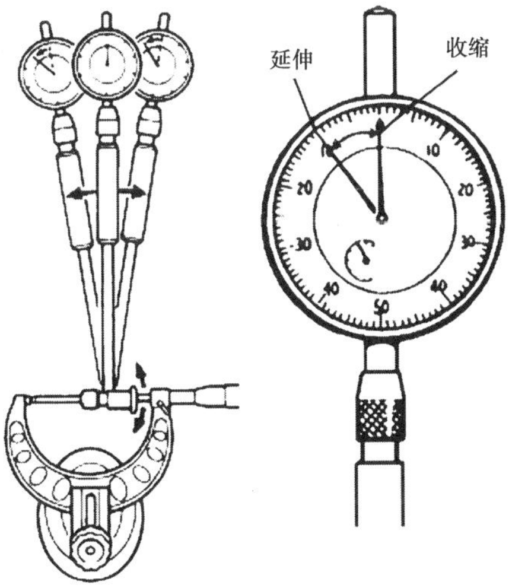

图 2-20　对百分表进行动态调零

（8）单手握住内径百分表的隔热管处，先将____________________，以 15°～30°的角度压入，然后慢慢摆动表杆，使其与气缸套的中心重合，如图 2-21 所示。

图 2-21 将内径百分表活动套端放入气缸

（9）当指针指向压缩端最小值时，记录读数。测量位置应选择________、________和________，如图 2-22 所示。

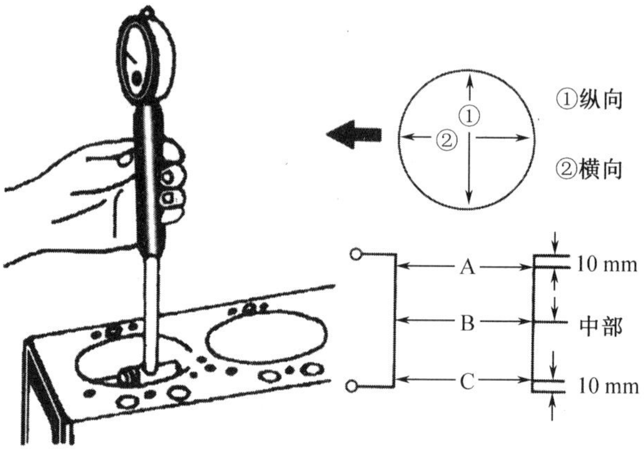

图 2-22 测量位置

注意：在“0”刻度线的左边（延伸端）则为“+”，在“0”刻度线的右边（收缩端）则为“–”。如图 2-23 所示为+0.23 mm，因此气缸的直径为：69.50+0.230=69.730（mm）。

图 2-23 读测量值

（10）按要求分别对气缸套的其他位置进行测量，将测量结果填入表 2-4，并计算气缸套的圆度及圆柱度误差。

表 2-4　气缸测量数据记录表

位置	气缸							
	第一缸		第二缸		第三缸		第四缸	
	直径 1（纵向）	直径 2（横向）	直径 1（纵向）	直径 2（横向）	直径 1（纵向）	直径 2（横向）	直径 1（纵向）	直径 2（横向）
位置一								
位置二								
位置三								
圆度								
圆柱度								

判断结论：

考核

学生学习评价表

评价内容		自我评价（打分）	相互评价（打分）	教师评价（打分）
信息收集	理解任务或问题的程度			
	收集信息的完整性			
	对信息（知识）的领悟性			
制订计划	计划制订的参与程度			
	计划的合理性及实用性			
修改计划	和老师讨论如何修改计划			
	和老师讨论后，是否知道如何改进计划			
	计划修改后的完整性			
实施	是否按计划进行工作			
	是否亲自实施计划			
	是否记录工作过程及结果			
检查	是否按计划的要求去完成任务			
	是否达到预期目标			
	整个工作流程是否与标准流程符合			
评价	按计划是否完成了任务或解决了问题			
	在哪个环节上可以改进			
	学习团队的合作情况			
总评				

一体化项目（任务）考核评分表

任课教师签字：

序号	考核内容	配分	评分标准	考核记录	扣分	得分
一	用游标卡尺和量缸表测量发动机的缸径	5	准备工具、零件			
		5	清洁零件			
		5	用游标卡尺预测气缸内径			
		5	检查、校核量缸表，选择量杆			
		10	安装量缸表			
		15	校准量缸表			
		15	测量气缸内径			
		15	计算圆度和圆柱度			
二	职业素养	10	课堂的纪律性			
		5	文明操作			
		5	工具及设备的整齐、清洁度			
三	基础知识填空	5	回答正确，书写工整，按时全部完成			
合计		100				

项目三

钳　　工

任务 1　钳工基础

姓名：______________　　班级：______________　　日期：______________

基础知识

一、填空题

1．钳工的应用范围很广，主要包括以下几个方面。

（1）加工前的准备工作，如________________________________等。

（2）在单件或小批生产中________________________________。

（3）加工精密零件，如锉样板、刮削或________________________________等。

（4）装配、________________________________等。

2．钳工工作台可简称____________________，它一般是由坚实木材制成的，也有用铸铁件制成的。要求牢固和平稳，台面高度为____________________，其上装有防护网。

3．台虎钳是______________的主要工具，一般分为固定式和回转式两种。

4．工件在台虎钳上的夹持方法。

（1）工件应夹持在台虎钳钳口的中部，以使______________________________。

（2）台虎钳夹持工件时，只能用双手的力扳紧手柄，不能在手柄上加套管或用锤敲击，以免损坏台虎钳内______________________________。

（3）长工件只可锉夹紧的部分，锉其余部分时，______________________________。

（4）锉削时，工件伸出钳口要短，______________________________。

（5）夹持槽铁时，槽底必须夹到钳口上，为了避免______________________________。

（6）用________夹持槽铁最为适合，如不用辅助件夹持就会变形。

（7）夹持圆棒料时，应用______________________________夹持。

（8）夹持铁管时，应用一对______________夹持，否则管子就会被夹扁变形，尤其是薄壁管更容易被夹扁变形。

（9）夹持光洁的工件表面时，应______________________________加以保护。

（10）锤击工件可以在砧面上进行，但锤击力不能太大，否则会________________。

（11）台虎钳内的______________________________应经常加油润滑。

5．手锤由锤头和锤柄组成，是钳工常用的____________________。锤头有方头锤和圆头锤，用碳素工具钢锻制，并经______________________________。手锤规格用锤头的质量来表示，一般有______________________________等规格；锤柄长度一般为 350 mm。

6．为了防止锤头脱落，在木柄装入锤孔后，必须用带有____________________，其深度为手锤孔深的 1/3。

7．紧握法是用右手的______________________________，大拇指贴在食指上，柄尾露出____________________。在挥锤和锤击时握法不变。

8．松握法是只用大拇指和食指始终握紧锤柄，当__________________（挥锤过程），逐渐放松______________________________，锤击过程中，将放松的手指逐渐收紧，并加速手锤运动。此方法掌握熟练后，不但可以_____________，而且_____________，所以松握法比紧握法好。

9．挥锤方法有______________________________ 3 种。

10．站立姿势应使全身不易疲劳、便于用力。要稳定地站在台虎钳旁，双脚顺序通常是左前右后。左脚向前半步，约一锤柄长，腿____________________，膝盖稍微弯曲，保持自然。右脚稍微朝后，站稳伸直，作为主要支点。两脚____________________。头部不要前探或后仰，面向工作台，目视錾子刃口。

二、选择题

1．台虎钳的型号规格以钳口的宽度表示，有（　　）三种。

A．100 mm、125 mm、150 mm

B．100 mm、150 mm、180 mm

C．120 mm、150 mm、180 mm

D．100 mm、160 mm、180 mm

2．使用台虎钳作业时应注意（　　）。

A．工件尽量夹在钳口中部，以使钳口受力均匀

B．夹紧后的工件应稳定可靠，便于加工，并不产生变形

C．夹紧工件时，一般只允许依靠手的力量来扳动手柄，不能用手锤敲击手柄或随意套上长管子来扳手柄，以免丝杠、螺母或钳身损坏

D．以上说法都正确

3．下列不属于钳工的是（　　）。

A．喷涂　　B．錾削

C．锉削　　D．锯割

三、判断题

1．台虎钳底座的连接靠两个锁紧螺钉的紧合，根据需要，松开锁紧螺钉，便可做人为的圆周旋转。（　　）

2．台虎钳是用来夹持工件的通用夹具。（　　）

3．转盘式的钳体可旋转，使工件旋转到合适的工作位置。（　　）

4．锯，锉，錾，以及零件的装配和拆卸不可在台钳上完成。（　　）

5．作业时可在台虎钳活动钳身的光滑表面进行敲击，不存在降低配合性能。（　　）

考核

学生学习评价表

评价内容		自我评价（打分）	相互评价（打分）	教师评价（打分）
信息收集	理解任务或问题的程度			
	收集信息的完整性			
	对信息（知识）的领悟性			
制订计划	计划制订的参与程度			
	计划的合理性及实用性			
修改计划	和老师讨论如何修改计划			
	和老师讨论后，是否知道如何改进计划			
	计划修改后的完整性			
实施	是否按计划进行工作			
	是否亲自实施计划			
	是否记录工作过程及结果			
检查	是否按计划的要求去完成任务			
	是否达到预期目标			
	整个工作流程是否与标准流程符合			
评价	按计划是否完成了任务或解决了问题			
	在哪个环节上可以改进			
	学习团队的合作情况			
总评				

任务2 锯削

姓名：__________　班级：__________　日期：__________

基础知识

1．手锯由____________两部分组成。锯弓是用来____________的工

具，有固定式和可调式两种。可调式锯弓的前段可套在后段内自由伸缩。

2．锯条的选择：根据工件材料的硬度和厚度选用不同粗细的锯条。锯软材料或厚工件时，容屑空间要大，应选用______________；锯硬材料和薄件时，同时切削的齿数要多，而切削量少且均匀，为尽可能减少崩齿和钝化，应选用______________。

3．锯削的基本操作方法。

（1）根据工件材料及厚度______________。

（2）将锯条安装在锯弓上，______________。用两个手指的力旋紧锯条，使锯条的______________，否则锯削时易折断锯条。锯条安装好后，应检查是否有______________，如有则应修正。

（3）工件应尽可能夹在台虎钳左边，以免____。

（4）锯削的站立位置与錾削基本一致，不同的是两脚距离为锯弓之长。握锯时，要舒展自然，右手握稳__________，左手轻扶在______________。

（5）起锯分为______________。

（6）锯削硬材料时，因不容易切入，压力应______________，防止__________。往复长度______________，一般为______________。

（7）快锯断时，用力______________，以免______________。

（8）锯钢料时应涂抹________润滑。铸铁中因含有________所以可免加。

4．锯削安全技术。

（1）锯条松紧要适当，______________。

（2）锯削时对手锯的压力不能太大，否则会使______________。

（3）工件将要锯完时，应用手扶着______________，防止______________。

考核

学生学习评价表

评价内容		自我评价（打分）	相互评价（打分）	教师评价（打分）
信息收集	理解任务或问题的程度			
	收集信息的完整性			
	对信息（知识）的领悟性			

续表

评价内容		自我评价（打分）	相互评价（打分）	教师评价（打分）
制订计划	计划制订的参与程度			
	计划的合理性及实用性			
修改计划	和老师讨论如何修改计划			
	和老师讨论后，是否知道如何改进计划			
	计划修改后的完整性			
实施	是否按计划进行工作			
	是否亲自实施计划			
	是否记录工作过程及结果			
检查	是否按计划的要求去完成任务			
	是否达到预期目标			
	整个工作流程是否与标准流程符合			
评价	按计划是否完成了任务或解决了问题			
	在哪个环节上可以改进			
	学习团队的合作情况			
总评				

任务3 锉削

姓名：____________ 班级：____________ 日期：____________

基础知识

1．锉刀由__________、__________、__________、__________和锉柄等部分组成。

2．锉刀根据形状不同，可分为____________________、____________________、____________________、三角锉、圆锉等。

3．为延长锉刀的使用寿命，应注意哪些事项？

（1）不可锉削毛坯件表面的硬皮、氧化皮和____________________________________。

（2）先使用锉刀锉其中一面，当该面用钝后______________________________。

（3）锉刀要分开放置，不可______________________________________。

（4）不可将锉刀当____________________，以防____________________。

（5）锉削时不能洒水、沾油或用手去摸锉刀面，以免引起____________________。

（6）锉削过程中应及时用__________或__________顺纹清除锉齿槽内的积屑。

4．正确握持锉刀有助于______________________________。根据锉刀的大小和形状，可采用不同的握持方法。

5．较大锉刀的握法。用右手____

____

____

____。

6．中、小型锉刀的握法。由于锉刀尺寸小，本身强度不高，锉削时所施加的力不大，因此其握法与大锉刀相同，除大拇指外，其余____________________________。左手持锉位置则根据锉削用力轻重而定：重锉时，__________________________，其余四指弯放在下面；细锉时，______________，______________，较为灵活；极轻微的锉削时，可不用左手持锉刀，只用右手食指压在锉刀上面。

7．锉削时的站立位置与錾削基本相同，只不过____________________________。力求自然，方便用力，以适合不同的加工要求。

8．锉削姿势如图 3-1 所示，锉削时，______________________________，__________________________伸直，__________________________不动，靠左膝的屈伸做往复运动。锉的动作由身体和手臂运动合成。开始锉削时身体要向前倾斜 10°左右，__________________________到后方。锉刀向前推进 1/3 时，身体前倾 15°左右，这时左膝稍弯曲。锉刀再推进 1/3 时，身体前倾 18°左右。最后 1/3 时，用______________________________，身体随着锉刀的反作用力退回到初始位置。锉削全程结束后，将锉刀__________________，__________________拉回，准备第二次的锉削，如此反复进行。

9．锉削速度最好控制在____________________，太快则易疲劳，且会加快锉齿的磨损。

10．平面锉削的方法有：______________、______________和______________。不论哪种锉法，都应该________________，每次抽回锉刀再锉时，应向旁边移动一些。

11．锉削安全技术。

（1）不使用__________________进行锉削。

（2）锉屑要用钢丝刷清除，禁止用______________，防止______________。

（3）不可用手摸锉刀面和__________，防止__________，造成事故。

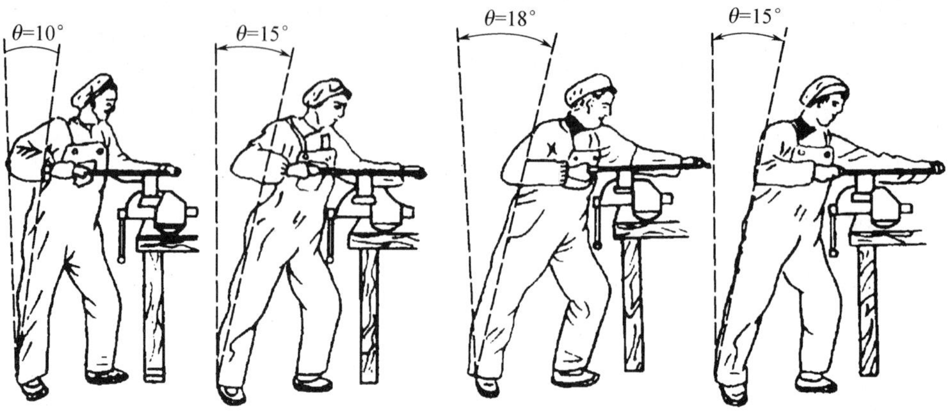

图 3-1 锉削姿势

考核

学生学习评价表

评价内容		自我评价（打分）	相互评价（打分）	教师评价（打分）
信息收集	理解任务或问题的程度			
	收集信息的完整性			
	对信息（知识）的领悟性			
制订计划	计划制订的参与程度			
	计划的合理性及实用性			
修改计划	和老师讨论如何修改计划			
	和老师讨论后，是否知道如何改进计划			
	计划修改后的完整性			
实施	是否按计划进行工作			
	是否亲自实施计划			
	是否记录工作过程及结果			
检查	是否按计划的要求去完成任务			
	是否达到预期目标			
	整个工作流程是否与标准流程符合			
评价	按计划是否完成了任务或解决了问题			
	在哪个环节上可以改进			
	学习团队的合作情况			
总评				

任务 4

螺纹加工

姓名：＿＿＿＿＿＿ 班级：＿＿＿＿＿＿ 日期：＿＿＿＿＿＿

基础知识

一、填空题

1．钻床的种类很多，常用的有＿＿＿＿＿＿＿＿＿＿＿＿＿＿＿＿＿＿＿＿3 种。

2．钻头的种类有＿＿＿＿＿＿＿＿＿＿＿＿＿＿＿＿＿＿＿＿＿＿＿＿＿等，其中麻花钻是＿＿＿＿＿＿＿＿刀具。上述各种钻头的几何形状虽各不相同，但都有两个对称排列的＿＿＿＿＿＿＿＿，因此其切削原理是相同的。

3．麻花钻由＿＿＿＿＿＿＿＿＿＿＿＿＿＿＿＿＿＿＿＿组成，如图 3-2 所示。

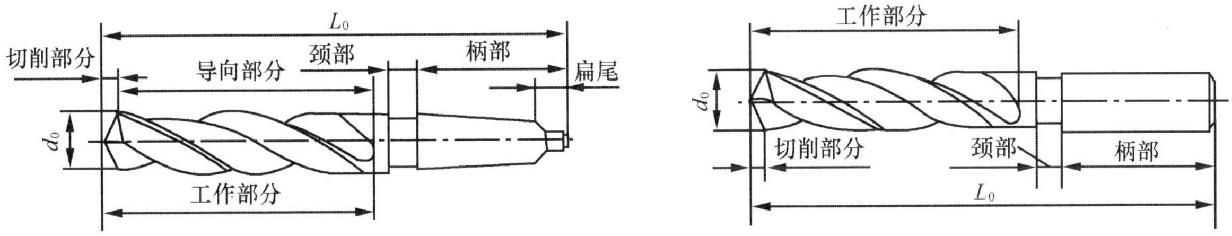

（a）＿＿＿＿＿＿＿＿ （b）＿＿＿＿＿＿＿＿

图 3-2 麻花钻

4．钳工操作中，手攻螺纹占的比重很大。手攻螺纹包括＿＿＿＿＿＿＿＿＿＿，用丝锥在圆孔的内表面加工内螺纹称为攻螺纹，用板牙在圆杆的外表面加工外螺纹称为套螺纹，如图 3-3 所示。

5．丝锥是专门用来攻螺纹的刀具，由＿＿＿＿＿＿＿＿＿＿、＿＿＿＿＿＿＿＿＿＿（定位部分）和＿＿＿＿＿＿＿＿＿＿构成。

6．攻螺纹时，丝锥方头夹于铰杠（铰手）方孔内，先用＿＿＿＿＿＿＿＿＿＿，两手均匀加压，转动铰杠。当头攻切入 2 牙左右后，用 90° 角尺在两个垂直平面内进行检查，如图 3-4、图 3-5 所示，以保证丝锥与工作表面垂直。切削时，每__________，应__________，用以断屑。用二攻或三攻切削时，旋入几圈后，只能用__________转动，不可再加压。

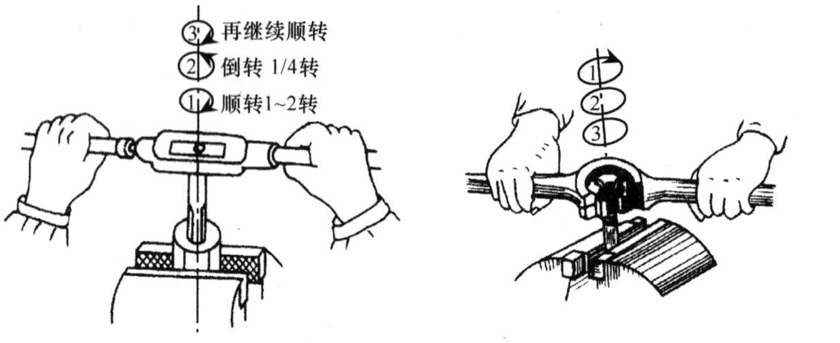

（a）__________　　（b）__________

图 3-3　攻螺纹和套螺纹

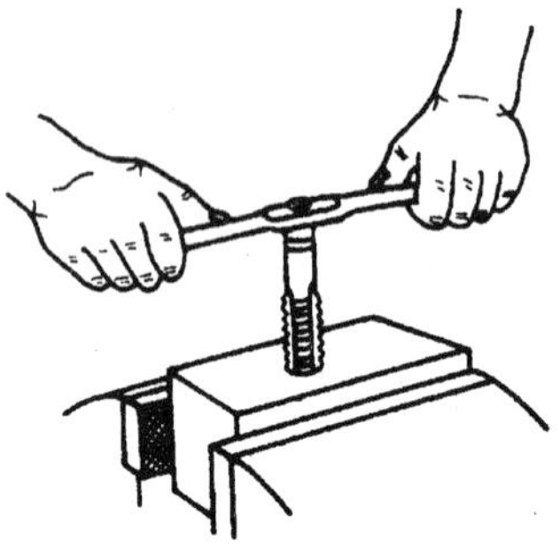

图 3-4　攻螺纹操作

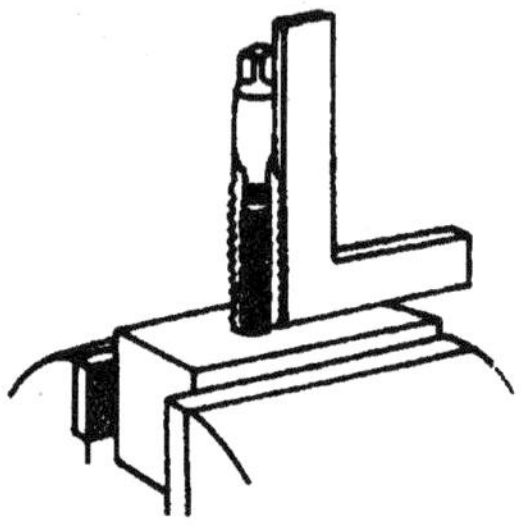

图 3-5　垂直度检查

7．铰杠是用来__________专用工具。

8．板牙是__________的刃具，板牙的原型是一个螺母，它由__________、__________和__________组成。

9．板牙架是__________专用工具，板牙架上有装卡螺钉，可将板牙紧固在架内。

10．拆卸缸盖断头螺栓的方法有哪些？

（1）管钳法。对于折断截面在螺杆中上部的断头螺栓，可先在缸体表面螺栓底部周围加注少许煤油，并用铁锤向下适当地敲击螺杆。选用__________，管钳底部距缸体约 5 mm 为宜。用手握紧螺杆的上部，在拆卸时__________。先用管钳顺着螺栓拧紧方向拧 1/10～1/8 圈，然后__________将断头螺栓拧松并取出。

（2）烤弯螺杆法。对于折断截面在螺杆中上部而用管钳法不能拆卸的断头螺栓，先用擦机布将缸体表面螺栓底部周围的油擦拭干净（防止烤弯螺栓时着火），用铁锤向下适当敲击螺杆。用气焊将螺杆烤弯 80°～90°（弯点距螺孔以 20～30 mm 为宜）。待冷却后，在缸体表面螺栓底部周围加注少许煤油，再将长钢管套在烤弯后的螺杆上，用加长力臂的方法拧松断头螺栓并取出。

（3）锉削法。对于折断截面在螺杆下部且折断截面距缸体平面 20～50 mm 的断头螺栓，可先在缸体表面螺栓底部周围加注少许煤油，用____________，再用____________，然后用螺丝刀将断头螺栓拧出。也可用平锉在螺栓上部的两侧锉出两个平行的平面，然后用扳手或自制工具将其拧出。

（4）焊接法。对于折断截面在螺杆下部且折断截面距缸体平面 10～20 mm 的断头螺栓，因用锉削法不便拆卸，可先用____________。选一大小适中的____________，焊牢后____________，待冷却后在其间隙内加注少许煤油。等待 0.5 h 后，用扳手先顺着螺栓拧紧的方向拧 1/10～1/8 圈，再反方向将断头螺栓拆下。也可以焊接一弯角螺杆（或钢棍），角度为____________，其拆卸方法与烤弯螺杆法相同。

（5）钻孔法。对于在螺孔内折断且其折断截面低于缸体表面的断头螺栓，可在____________，在孔内插入一根经淬火处理的圆锥钎，适当地敲击圆锥钎后，用____________将断头螺栓拧出。也可在钻好的小孔内，用____________攻出左旋螺纹，然后拧入左旋螺纹螺钉，用扳手将断头螺栓拧松并取出。

（6）攻丝法。对于断在螺孔内部，且用钻孔法也不能拆卸的断头螺栓，可用____________的钻头将螺栓钻出，再用和螺栓同样大的丝锥攻丝，拧出断头螺栓的剩余部分。

11．钳工工具的使用守则有哪些？

（1）使用锉刀时应注意：不准____________；不准____________；锉屑禁止____________，须用____________。

（2）使用活动扳手应注意：卡口与螺母尺寸配合，扳紧时不得____________；使用前应擦拭柄部的油污，防止____________；扳手不能当作____________。

（3）使用螺丝刀时应注意：不能代替撬杆或錾刀使用；禁止____________操作，防止自伤。

（4）使用手锤时应检查____________，防止____________。

（5）錾削操作要戴眼镜，錾削方向____________。

（6）使用刮刀操作时勿握刀刃，不可____________，一手拿____________，以防自伤。

（7）使用手弓锯时零件要夹紧，拿锯要直，往复成一条直线，用力________________，不能______________________________。

二、选择题

1．锉刀在使用过程中要注意的是（　　）。

A．可用新锉刀挫硬金属

B．有硬皮或粘砂的锻件和铸件，须在砂轮机上将其磨掉后，才可用半锋利的锉刀锉削

C．锉削时，不可以用钢丝刷清除锉齿上的切屑

D．细锉刀允许用于锉软金属

2．攻螺纹加工切削时，每切削半圈至一圈，应倒转（　　）圈以断屑。

A．1/4　　　　B．1/2

C．3/4　　　　D．1

3．关于台式钻床安全操作，以下说法错误的是（　　）。

A．操作者头发不宜过长，以免操作时卷入

B．不要进行超出最大切削能力的工作，避免机床超负荷工作

C．操作人员因事要离开岗位时必须先关机；杜绝在操作中与人攀谈

D．操作人员操作时要穿适当的衣服，并戴手套

三、判断题

1．操作台式钻床时操作员操作前必须熟悉机器的性能、用途及操作注意事项，生手严禁单独上机操作。（　　）

2．钻床及摇臂转动范围内，应整齐堆放物品，保持清洁。（　　）

3．机床在工作或检修时，工作场地周围要装上防护罩。（　　）

4．开机前先检查电路牌上的电压和频率是否与电源一致。（　　）

5．摇臂钻床在校夹或校正工件时，摇臂不必移离工件并升高，刹好车，用压板压紧或夹住工件，以免回转甩出伤人。（　　）

考核

学生学习评价表

评价内容		自我评价（打分）	相互评价（打分）	教师评价（打分）
信息收集	理解任务或问题的程度			
	收集信息的完整性			
	对信息（知识）的领悟性			
制订计划	计划制订的参与程度			
	计划的合理性及实用性			
修改计划	和老师讨论如何修改计划			
	和老师讨论后，是否知道如何改进计划			
	计划修改后的完整性			
实施	是否按计划进行工作			
	是否亲自实施计划			
	是否记录工作过程及结果			
检查	是否按计划的要求去完成任务			
	是否达到预期目标			
	整个工作流程是否与标准流程符合			
评价	按计划是否完成了任务或解决了问题			
	在哪个环节上可以改进			
	学习团队的合作情况			
总评				

一体化项目（任务）考核评分表

任课教师签字：

序号	考核内容	配分	评分标准	考核记录	扣分	得分
一	利用圆钢制作M10六角螺母	5	尺寸要求（15±0.5）mm			
		5	尺寸要求 $20^{+0.2}_{0}$ mm （3 处）			
		5	平面度误差 0.08 mm（6 面）			
		10	平行度误差 0.15 mm（3 组）			
		15	垂直度误差 0.08 mm（6 面）			
		15	表面粗糙度 $Ra \leqslant 6.4$ μm			
		10	锉纹整齐			
		10	螺纹孔的对称度误差 0.4 mm（3 处）			
			工时 9 h			

续表

序号	考核内容	配分	评分标准	考核记录	扣分	得分
二	职业素养	10	课堂的纪律性			
		5	文明操作			
		5	工具及设备的整齐、清洁度			
三	基础知识填空	5	回答正确，书写工整，按时全部完成			
合计		100				

期末总评

项目及所占比例	任务所占比例	各项目考试得分	折算后得分	总评分
项目一 30%	任务 1　8%			
	任务 2　6%			
	任务 3、任务 4　4%			
	任务 5　4%			
	任务 6　8%			
项目二 40%	任务 1　10%			
	任务 2、任务 3、任务 4　30%			
项目三 30%	任务 1～任务 4　30%			

反侵权盗版声明

举报电话：（010）88254396；（010）88258888

传　　真：（010）88254397

E-mail：　dbqq@phei.com.cn

通信地址：北京市万寿路 173 信箱

　　　　　电子工业出版社总编办公室

邮　　编：100036